U0133935

如何认识经济

9堂经济学常识课

〔美〕裴德荣 著

张是之 译

朱海就 校

How to
Think about the
Economy: A Primer

浙江人民出版社

图书在版编目（CIP）数据

如何认识经济：9堂经济学常识课 /（美）裴德荣著;
张是之译. — 杭州：浙江人民出版社，2024.4
书名原文：How to Think about the Economy: A
Primer
ISBN 978-7-213-11326-0

Ⅰ.①如… Ⅱ.①裴… ②张… Ⅲ.①经济学—通俗
读物 Ⅳ.①F0-49

中国国家版本馆CIP数据核字（2024）第031274号

浙江省版权局
著作权合同登记章
图字：11-2023-226号

如何认识经济：9堂经济学常识课
RUHE RENSHI JINGJI: 9 TANG JINGJIXUE CHANGSHIKE

［美］裴德荣（Per L. Bylund） 著　张是之　译

出版发行：浙江人民出版社（杭州市体育场路 347 号　邮编：310006）
　　　　　市场部电话：（0571）85061682　85176516

责任编辑：尚　婧　陈世明

策划编辑：陈世明

营销编辑：陈雯怡　张紫懿　陈芊如

责任校对：何培玉

责任印务：幸天骄

封面设计：天津北极光设计工作室

电脑制版：北京之江文化传媒有限公司

印　　刷：杭州丰源印刷有限公司

开　　本：880 毫米 ×1230 毫米　1/32　　印　　张：7.5

字　　数：88 千字　　　　　　　　　　　插　　页：1

版　　次：2024 年 4 月第 1 版　　　　　印　　次：2024 年 4 月第 1 次印刷

书　　号：ISBN 978-7-213-11326-0

定　　价：58.00 元

如发现印装质量问题，影响阅读，请与市场部联系调换。

致敬

卡尔·门格尔、路德维希·冯·米塞斯，

以及其他我有幸站在他们肩膀上的巨人们。

目　录
contents

致中国读者

可以肯定地说，经济学和任何其他领域的研究一样，存在很多谬误和误解。如果物理学也存在同样多的问题，我们就不会看到我们在过去几个世纪取得的许多进步。然而，经济学作为社会科学的皇后，也是最重要的社会科学，却一直被歪曲，甚至被滥用，我们也在承受其后果。

这些后果主要表现为"看不见的"和"未实现的"。"看不见的"是指我们本来可以得到的东西。而"未实现的"是指如果不是因为我们对经济运行方式的误解，并因此自以为是地设计经济并决定其结果，那么我们本来可以从中受益的各种可能性和机会。

但是，经济并非没有限制或结构。经济是由人及其行动和互动组成的，但经济的结构使我们能够理解它，并试图预测结果。换句话说，经济学是一种工具，它使我们能够避免代价高昂的错误，从而使我们的生活更美好、社会更繁荣。

经济学有助于解释西方国家所积累的财富的性质和来源，并为贫穷国家如何发展和创造自己的财富提供启示。但对于像中国这样已经开始并取得巨大进步，但尚未从发展中国家转变为富裕国家的国家来说，经济学应该更为重要。正确的经济学可以解释中国目前的财富从何而来，以及如何创造出来。正确的经济学可以说明中国如何创造更多财富。正确的经济学引导社会采取行之有效的措施，避免那些代价高昂的措施。

毕竟，只有了解了经济的运行方式，我们才能正确地发展经济，才能充分地利用创新、生产和企业家精神的力量。只有了解经济是如何运行的，我们才能找出通往全民致富道路上的主要障碍。也正是通过了解经济，我们才能制订有机会实现的个人和集体计划。如果对经济运行的理解有误，计划就会变成无用功，因为计划既能促进财富的创造，也能轻易摧毁财富。

正确的经济学令人激动，因为它展示了什么是可能的。它能引起世界各地人们的共鸣，尤其是年轻一代。我在沈阳的东北大学海外经济管理学者讲习营中讲授经济学时，亲身体会到了中国学生的这种激动。我衷心感谢赵荔女士从 2010 年就开始组织这个特别的夏令营，并使这本书能够翻译出版。这本书将使更多中国人发现正确的经济学，并为之激动，从而意识到自己、国家和这个世界未来的可能性。

　　我写这本书的目的是为读者提供一套基本工具，也就是一种思维方式，它能够帮助读者发现任何一种经济中的过程，从而理解所观察到的结果的原因。这本书没有提供具体问题的答案，但提供了找出这些答案的工具。从这个意义上说，这是一个非常强大的课程和指南，也是一本正确经济推理的入门读物。

　　亲爱的中国读者，我希望你们能发现，这本书将会指引你们跨入经济科学的殿堂，同时也会帮助你们了解经济学的思维。

裴德荣

2024 年 1 月于美国俄克拉何马州塔尔萨

推荐序一

经济学是了解世界的工具

经济学是一门非常重要的科学，所以不能只留给教授和从事经济学专业的人。如果教学方法得当，经济学是好奇者了解周围世界的工具，并使富有同情心的人得到训练，使他们能够采取有效的策略，解决我们当中最弱势和最贫困人群的困境，并努力改善人类状况。

不幸的是，经济学的教学往往很差，学生们也学得很无趣，经济学家在面对公众发表看法时，往往又会使用一些令人生畏的术语，结果造成了人们对经济学的无知。更可悲的事实是，在专业经济学家中，也有很多经济学的无知者，他们忘记了经济科学的基本原理，例如我们从大卫·休谟（David Hume）和亚当·斯密（Adam Amith）等古典经济学家，及卡尔·门格尔（Carl Menger）、路德维希·冯·米塞斯（Ludwig von Mises）和 F. A. 哈耶克（F. A. Hayek）等现代经济学家所学到的那些。对于机会成本和市场的无形之手等核心思想，当代经济学家们经常津津乐道，但他们并没有完全理解其含义和意义，凯恩斯经济学过于强调总量，萨缪尔森经济学又过度形式主义，这些经济学不仅没有澄清经济学的基本原理，反而遮蔽了它们。这意味着，对于训练有素的经济学家来说，他们有一项相当艰巨的任务，那就是经济学扫盲。这一任务必须完成。

裴德荣的这本《如何认识经济：9堂经济学常识课》，在经济学扫盲方面具有非凡的意义，我很荣幸受邀为这本书的中译本作序。裴德荣邀请读者和他一起来一次精彩的智力冒险，这就是经济学的思维方式。我们生活在一个稀缺的世界，稀缺迫使我们做出权衡取舍。在这个不确定和不断变化的世界里，这意味着，作为有目的人，我们必须用人类的思维工具，来帮助我们进行权衡和取舍。在一个商业社会中，这些工具是由产权结构、价格的自由调整和盈亏会计报表来提供的。产权提供激励，价格是未来决策的指南，利润指导我们的生产方向，而亏损则约束我们的商业决策。正如裴德荣所强调的，经济体系持续地适应不断变化的条件并做出调整，而这一适应和调整的过程，是由企业家的创造性和对互利交易机会的警觉性驱动的。经济学的基础是研究有目的的人的行动，但也涉及交换与制度，在这一制度中形成交换关系并进行交易。

一些人的生产计划必须与另一些人的消费需求相

协调，在不受阻碍的市场经济中由此产生一种经济关系的模式，它使自由的个体能够通过交换追求专业化的生产，并产生和平的社会合作。现代商业社会中的复杂分工，是经济发展奇迹的关键所在。这种发展过程使个人能够摆脱马尔萨斯陷阱（Malthusian trap），也就是人们为了生存而陷入所有人对所有人的战争，取而代之的是自由文明的创造力的释放——不仅是在商业领域，在艺术、科学、技术和社会关系领域也是如此。

我很幸运，我的一生中有两位非常有影响力的老师，他们都强调讲授经济学的重要性。

在研究生阶段，我遇到了詹姆斯·布坎南（James Buchanan），尽管他于1986年获得了诺贝尔经济学奖，但他向我们强调，作为经济学家，我们获得薪水的唯一正当理由是，我们是一名讲授经济学原理的教师。正如他所强调的，我们的工作是教会学生欣赏市场自发秩序的奇妙和精巧之美，这样我们的学生就可以成为集体决策的民主程序的知情参与者。

在本科阶段，我通过汉斯·森霍尔兹（Hans Sennholz）的讲座和著作接触到了经济学。森霍尔兹是一名成功的投资者，也是受欢迎的经济政策问题讲师和随笔作家。他教导我们，建立人与人之间的关联是经济学中的美德，而不是恶习。在他看来，传播经济学基本原理是一项道德义务。我们必须追求清晰的文字和思维。这需要掌握经济思想史，并对经济史的基本事实有所了解。但最为重要的是，对正确的经济学原理要有透彻的理解。

裴德荣的这本入门读物，提供了重要信息。他教会读者如何像经济学家一样思考，并应用经济学原理来理解周围的世界。这是一本爱好经济学的学生和老师的必读书目。我真诚地希望你能接受他的邀请，进入迷人的经济学世界，以一种一致的和持之以恒的方式去运用经济学，你将会体验到思想上的兴奋。读完了这本书，你会发现，正如我所说的，经济学是好奇者的必要工具，也是富有同情心的人的关键训练工具。阅读《如何认识经济：9堂经济学常识课》，获得基本的经济学素养，并与家人、朋友分享和传播它们。这是一项艰巨的任务，但裴德荣这本短小精干的书，已经起到了传播经济学基本知识并将它发扬光大的作用。

彼得·勃特克

乔治·梅森大学教授

《经济学的思维方式》作者

推荐序二

企业家是经济活动的主角，也是经济学的主角

　　企业家不仅是经济活动的主角，也是经济学的主角。

　　生产的核心是企业家的判断。有一种流行的理论认为，"劳动力"是"生产"的核心，利润是劳动力创造的，企业家或资本家只是无偿占有了劳动者（工人）创造的利润。对此，我们提出不同的观点。这是一种基于生产要素、没有活生生的"人"的主观性（判断）的理论，与市场经济的要求不符。

　　企业家精神是市场经济的驱动力。如果一个社会

缺乏企业家精神，那么永远无法对资源做出最充分和最有价值的利用。我们知道市场是配置资源的机制，但配置资源的主角是企业家。企业家生产产品和购买要素，都是配置资源的行动。

资源配置的含义不是把东西生产出来，而是满足消费者的需求。生产是围绕"未知的需求"展开的，而不是根据已知的需求展开的。"未知的需求"意味着不确定性，需要企业家做出判断。判断意味着对消费者需求的更好满足。比如，品牌包含的就是对需求的更好满足，品牌就是企业家创造的。

生产就是一个牵涉企业家判断的过程，判断先于生产，判断甚至比生产本身更重要。因此，我们要改变对"生产"的理解，不能单纯地把生产理解为要素的投入与组合，而是要从"判断"的角度理解生产。把要素变成消费品的每一个环节都牵涉到企业家判断，企业家的判断决定了要素的流向，并最终决定生产什么产品。可见，生产是企业家主导的，生产活动是企业家组织的，是以企业家为中心的。生产过程是企业家不断组合资源、生产产品的过程。

企业家更好地运用自己的判断，才能使消费者的需求得到更好的满足。判断和执行任务不一样，CEO（首席执行官）是执行任务，但企业家不是执行任务。执行任务一般不需要判断，只要按照要求做就可以。但是，如果是自己决定做什么、怎么做，那就需要做出判断。在某种程度上，企业家就是干"判断"这个活儿的。企业家需要判断消费者需求，判断市场趋势，判断政治环境，判断价格波动，等等。可见，判断并不容易，是一个复杂的活儿。

"创新"与"判断"有着密切的关系。实际上，"创新"这个概念可以从"判断"的角度理解，即更好地满足消费者需求才是创新的目的，而更好地满足消费者需求是判断的结果。从这个意义上说，判断是创新的先导或前提，没有判断就没有创新。

要注意的是，判断不是"赌博"。"赌博"完全取决于运气，和自身的能力无关。判断是看到趋势，把握机会，是基于原理的一般性预测。企业家不是赌徒。企业家只能做一般性的趋势判断，不能做精确判断，而赌徒是试图做精确判断，这是"理性的狂妄"。

企业家做出判断意味着他知道未来的一些东西，但这些东西对他人来说是"未知的"，他想让他人相信他所知道的东西不是一件容易的事。他需要自己做出来，别人才能相信，比如乔布斯开发的智能手机，马斯克开发的电动汽车，他们做出来之后，别人相信了。

"判断"意味着企业家要做的那件事情的结果是不确定的，即这件事的结果不能从之前他人已经做过的事情中找到答案。换句话说，企业家做判断不是买车票，不是买了票、坐上车就知道车会到达哪里。判断意味着前景是不确定的，比如开发一个产品，这个产品能否卖出去是没有百分之百把握的。企业家面对的不是给定的机会，而"是不是机会，他不能肯定"，他只能试一试。

企业家的回报是利润，而利润来自准确的判断。需要强调的是，企业家是靠判断赚钱的，不是靠提供要素赚钱的。换句话说，企业家精神的回报不同于要素的回报。当然，企业家的收入除了利润外，还有一部分是他的工资，也就是辛苦钱，这部分收入不属于"判断"的回报。

利润不同于要素的回报。要素的回报通常有三种，即工资、利息和地租。工资对应的是劳动力的回报，利息对应的是资金的回报，地租对应的是土地的回报。这些回报都不可能是负的，但"利润"可能是"负"的，也就是"亏损"。假如企业家判断错误，那就会产生亏损。

还要指出的是，判断是行动，不是资源。如果判断是资源，那是可以在市场上购买的，但判断不是资源，因此也是买不到的。首先，判断不是通过投入生产要素"生产"出来的，而是企业家想出来的，所以判断是没有成本的。比如看看天空，判断是否会下雨，这就是一个没有成本的判断。其次，判断无法说出来或写出来，企业家知道自己善于判断，但没有能力把这一点告诉他人，让他人把自己的资产交给企业家去经营。由于企业家无法通过出售"判断"来获利，所以企业家必须通过建立企业的方式去实现自己的判断，这也是企业存在的原因。

因此，我们要改变对生产的理解，不能把生产理解为要素的投入，也不能把生产理解为把东西生产出来或把技术开发出来，而是要从"判断未来"的角度理解生产。生产是一个把要素变成消费品的过程，每一个环节、每一种商品都牵涉到企业家判断。生产是一个企业家运用判断、不断组合资源、生产产品的过程。

企业家是经济学的"丹麦王子"。没有企业家的经济学，就如同没有丹麦王子的"哈姆雷特"。在经济学的发展过程中，一开始，经济学家把经济学视为研究财富现象的科学，后来意识到这个定义有问题，便不再用人类活动的某个方面来定义经济学，而是把经济学建立在个体需求之上，这产生了以主观价值思想为代表的边际革命。米塞斯在此基础上建立了行动学，这个摸索的过程花费了几百年。作为行动学分支之一的经济学，最为充分地揭示了社会合作原理，它构成自发秩序的理论基础，也使经济学成为反乌托邦的利器，而企业家概念正是"人的行动"最为集中的体现。

遗憾的是，边际革命之后的主流经济学是朝着另外一个方向发展的，也就是强调均衡，企业家却被忽视了。这种均衡思想预设了不同个体间行动的协调（分工合作）问题已经解决，剩下的是一个"最优"问题，包括个体的与宏观的最优，它也指向了使用数学或计量方法的实证研究。在这种研究中，总量或平均数成为追求的目标，经济学几乎变成统计学或历史学的分支。

这事实上是使经济学退回到威廉·配第时代。威廉·配第是统计学家，也可以认为是最早的宏观经济学家，他写了一本《政治算术》，该书用数量方法研究社会问题，为国王服务。类似地，现在那些使用统计方法的经济学家，也是在为政府服务，比如"研究"货币政策、财政政策和产业政策等。这也许是米塞斯说"目前在大多数大学里，以'经济学'这个科目来讲授的东西，实际是对经济学的否定"的原因。①

---

① 路德维希·冯·米塞斯：《人的行为》，夏道平译，上海社会科学院出版社 2015 年版，第 231 页。

　　但幸运的是，我们现在有了一本很优秀的、建立在"企业家精神"这个概念之上的启蒙经济学读物，它就是由裴德荣撰写、张是之翻译的《如何认识经济：9 堂经济学常识课》一书。这本书借助于"企业家精神"这个概念，把经济学中一些重要的主题贯穿起来，逻辑性与现实性都很强。这部简短的作品，可以说浓缩了经济学的精粹。对于想了解经济的运作，特别是想了解市场运行过程的读者来说，阅读本书将有事半功倍的效果。

朱海就

浙江工商大学教授

2023 年 8 月于杭州

译者序

传递逻辑的力量

哲学家休谟曾指出："尽管人们在很大程度上受着利益的支配，但是即使是利益本身，以及所有的人类事务，也完全是由观念支配的。"经济学家凯恩斯也说过："经济学家和政治哲学家的思想，不论正确与否，都要比人们通常所理解的力量大。事实上，这个世界就是由极少数思想统治的。"

无论我们多么不认可凯恩斯的经济学见解，他的这个论断无疑是对的。事实上，人之所以为人，不仅仅是因为我们遗传了祖先的生物性状，还是因为我们接续了很多前人的思想观念。思想观念不同于基因遗传，它既不是"预装"的，也不是一成不变的，它是在接受前人观念的基础上形成自己的观念的。

正如休谟所言，支配我们个体行动的根本因素，是我们的观念。但我们无法独立思考出自己关于经济、政治和社会问题的所有答案，我们需要借助前人的思想阶梯向上攀爬。

独立思考，大多数时候是一个褒义词，但如果刻意强调独立思考，却因此忽视了先贤们的那些智慧结晶，独立思考也许就会变成胡思乱想、失去章法。在具备真正的独立思考能力之前，我们需要阅读真正的优秀经典，进而锻造健全的思想观念。

只是"酒香也怕巷子深"，优秀经典并不会自动呈现在我们眼前，有些经典深藏于浩瀚的书籍文献之中亟待挖掘，有些经典也未必是我们熟悉的母语写就的。所以，至少有三项工作非常重要：其一，发现经典；其二，翻译经典；其三，解释经典。

奥地利学派丛书的编译工作，目的就是挖掘经典，引介经典，翻译经典，传递逻辑的力量，放大思想的光芒。

众所周知，奥地利学派并不属于主流经济学派，国内外大学大都不会把奥地利学派的著作作为教科书。但是奥地利学派的影响力并未因此衰弱式微，相反，各行各业知道和认可奥地利学派的人越来越多。

他们对于奥地利学派的探索与财富追求无关，纯粹是出于对科学知识的热爱，出于对理论和逻辑的追求。正是这种热爱，让奥地利学派的思想火种遍布全球。

经过多年的努力，海外奥地利学派已经进入常态化发展阶段，既有长期运转的米塞斯研究院，也有学术期刊。其中，米塞斯研究院作为奥地利学派思想传播的主阵地，提供了一个学术宝库，其书库涵盖了从纯粹经济原理到自由主义理论，再到修正主义历史的大量经典文献。

其中作品既包括奥地利学派代表人物的代表性著作，也包括部分小众作品或者原来没有打算出版的稿件，还有像霍普、萨勒诺等在世奥地利学派学者的最新著作。总之，米塞斯研究院的很多著作值得挖掘。奥地利学派丛书的编译工作，将主要引进米塞斯研究院的经典书籍。

我们之所以相信市场的力量，更多的也是因为相信逻辑的力量。经济学，终究是某种意义上的"经世济民"之学，其理论可以是纯粹形式逻辑的，但其作用不能仅仅局限于理论。正确的经济学理论，以及基于此的思想观念，需要更多的人知道，需要影响大众的观念，进而影响人类的历史进程和文明走向。

为众人抱薪者，不可使其扼于风雪；为自由开路者，不可使其困于荆棘。寻求真理的过程，注定是艰难的。一个人可以走得很快，但一群人能够走得更远。

最后感谢米塞斯研究院，感谢各位译者的辛勤付出，感谢各位资助者的慷慨支持。对知识和真理的追求使我们相遇，让我们继续把逻辑的力量传递下去。

张是之

2023 年 3 月 9 日

前　言

写这本小书是为了完成一件大事：获得经济学素养。我有意将其写得很短，以便让它更有吸引力，而不是像其他经济学图书那样令人生畏。如果我成功做到了这一点，那么你，也就是我的读者，几乎不用多久就可以获得足以改变人生的认知——经济是如何运行的。这是一件低付出、高回报的事。

如果我的成功超出了我的预期，那么本书也会激发你对经济学提供的东西产生兴趣。因为经济学知识能够让人茅塞顿开。正确的经济学推理，是理解经济和社会的强大工具。它揭示了表面现象背后发生了什么，以及为什么会这样。事实上，想要正确理解世界，经济学素养必不可少。

但是，我也可能面临失败，愧对承诺。如果是这样的话，我希望你能告诉我，你认为我哪里错了，以及怎样才能做得更好。你可以和我联系，请与我分享你的看法，也请把这本书传递给其他人，他们也许能够从中获得更多知识。无论如何，这本书不会让你破费太多，况且你还能学到一些东西。

在本书的准备过程中，我受益于许多人的讨论、反馈和建议。特别感谢波特·伯克特（Porter Burkett）、苏珊娜·比隆德（Susanne Bylund）、理查德·加扬（Richard Gajan）、大卫·戈登（David Gordon）、乔纳森·纽曼（Jonathan Newman）和米卡埃尔·诺丁（Mikael Nordin），他们对本书的前几稿提供了反馈。但是，书中的任何错误都由我来负责。

我还要衷心感谢许多人的慷慨资助，使得本书得以出版，同时感谢米塞斯研究院给我这个机会，让我以简短和通俗易懂的形式向普罗大众传播奥地利学派经济学理论。

裴德荣

2022 年 7 月于美国俄克拉何马州塔尔萨

第一部分

经　济

第1课

经济学是什么

经济学是一个令人兴奋的领域。

以往的经济学试图揭示世界是如何运行的。它表明甚至证明，世界存在着一种自然的秩序，在表面的混乱背后有着某种结构。经济有它自己的生命：经济有其本质。这不仅意味着我们可以研究、了解它的运行方式，而且意味着我们不能随意改变它，也不能让它以我们可能喜欢却不符合其本质的方式运行。经济运行有其"规律"，而且亘古不变。在过去的三个世纪里，经济学一直致力于发现、学习和理解这些规律。

理解经济的核心是，认识到经济是关于人的行动和互动的。事实上，经济就是人们的行动和互动。除此之外，别无其他。我们倾向于从资源、机器、企业或工作的角度来看待经济，但这是一种引起误导的简化。虽然这些都很重要，但它们是实现目的的手段。经济是关于**利用手段去实现目的的**。换句话说，它研究的是，我们如何用行动来满足我们的需求，让我们过得更好。简单地说，经济关乎价值的创造。

我们的手段是有限的，但需求是无限的。我们必须弄清楚，如何利用现有的少量资源来尽可能满足更多的需求。如果我们选择去追求一个目的，那就不能用同一手段去实现其他目的。换句话说，凡事皆需权衡。我们做出的每一次选择和采取的每一次行动，都意味着我们放弃了我们没有选择的东西。你要么开车出去，要么待在家里，你不可能同时做这两件事。你可以花钱买一件东西或者买另外一件，你也可以把钱存起来下次再买，但同一笔钱不能既用来买东西，又存起来。你选择一件事就意味着，你没有也不能选择另外一件。我们通过行动，选择一件事而放弃另外一件事，也就是对它们的价值进行排序——这就是我们在"**合理利用**"（economize）。经济就是关于所有人的合理利用。

◇　经　济

经济是一种无计划的秩序。当我们做自己的事，按照自己认为合适的方式去行动和互动时，那个被称为"经济"的东西就会自发地产生。

19 世纪，法国经济学家弗雷德里克·巴斯夏[1]提出了一个问题："巴黎人是如何吃饱的？"生活在大城市的巴黎人，并不生产食物，但他们仍然可以获得充足的供应。重要的问题是，这是怎么做到的？毕竟，并没有一个关于给巴黎人提供什么样的食物、提供多少以及何时提供的中央计划。没有人告诉农民什么时候播种什么，每种作物该用哪块土地，使用或开发什么工具，或者在什么城市、小镇或集市上以什么价格出售他们的产品。这一切就这样发生了。经济是一个去中心化的分布式系统，所有人，像农民和市民，都可以做出自己的计划和决定。他们并不是简单

---

[1] 弗雷德里克·巴斯夏（Frédéric Bastiat，1801 年 6 月 30 日至 1850 年 12 月 24 日），19 世纪法国的古典自由主义理论家、经济学家、法国立法议会议员。其对经济学的贡献之一，是对于经济决策的评估，除了检验经济决策直接带来的利益或缺点之外，也应该检验其长期的影响，既要看到"看得见的后果"，也要考虑那些"看不见的后果"，其主要著作收录在《财产、法律与政府》一书中。——译者注

地执行某个中央指挥部的命令。

经济学的目标，是了解经济在各种形态和形式下如何运作：人们按照自己的想法，做出决策、行动和互动所产生的整体过程的本质。经济本身既没有计划，也没有计划者。它甚至没有目标，它就是这样的。

但人是有目标的。人有自己的需求和欲望，并努力通过不同的手段来获得满足。有些东西是自然界提供的，但大多数需要人们付出努力来生产。这些商品和服务可以满足人们的任何需求。生产是经济的核心：它提供尽可能多的手段来尽量满足高价值的需求。

◇　经济问题

生产是一个问题。它不只是一个有多少资源可用的问题。投入和产出并没有一个恒定的关系。在大多数情况下，更多投入可以带来更多产出，这是事实。但是，通过创新，提高生产率，我们可以获得更高的投入产出比。当我们说的是产出的**价值**，而不仅仅是数量的时候，这一点就会更加明显。价值从来不是自动产生的。一个人可以用大量资源生产出一些毫无价值的东西。如果让我来画一幅画，不管我有多努力，也不管我用了多少颜料，它都注定毫无价值可言。而同样的画布和颜料，文森特·凡·高[1]却可以创造出价值更高的作品。把他的签名放在我的画作上，会让我的画升值。但是，我在他的画上签名，只会让他的画贬值。

投入和产出存在的唯一关系是，必须要有投入才会有产出。我们不能无中生有。

经济问题不是有关生产本身的，而是有关有效生产的。由于我们可以支配的资源不足以满足我们的需求，于是就产生了经济所要关心的问题。换句话说，资源是稀缺的。因此，我们有责任弄清楚，如何利用我们的资源来获得一个可能的最好结果（从价值上

---

[1]　文森特·凡·高（Vincent van Gogh，1853 年 3 月 30 日至 1890 年 7 月 29 日），荷兰后印象派画家，代表作有《星月夜》、"自画像" 系列、"向日葵" 系列等。——译者注

讲）。特别是在最近几个世纪，我们越来越善于解决这一问题。几千年来，我们几乎没有取得什么进步，但突然间，随着我们通常所说的工业化，一个又一个国家开始通过生产上的突破摆脱贫困。人们对经济学的兴趣也随之而来。

因此，亚当·斯密①这部影响深远的著作标题是《国民财富的性质和原因的研究》。这个标题专注于国民财富（繁荣）的两个方面，也是经济学的核心所在：财富的**性质**及其**原因**。财富的性质是指，我们该如何理解它，它由什么组成，以及经济作为一个系统如何与作为个人满足的价值理论相联系。财富的原因是指，带来这种繁荣的起源和特殊过程。如果我们能

① 亚当·斯密（1723 年 6 月 5 日至 1790 年 7 月 17 日），英国经济学家、哲学家、作家，经济学的主要创立者。亚当·斯密强调自由市场、自由贸易以及劳动分工，被誉为"古典经济学之父""现代经济学之父"。——译者注

够正确理解它们，我们就能够使人们摆脱贫困，从而造就一个更加繁荣的社会。

经济学作为研究经济如何运行的学科，也是研究如何造就繁荣的科学。

◇　理解经济学

要成为一名经济学家，我们就必须把经济看作一个持续的过程，目的就是理解其工作原理和本质。为了这一目的，我们要弄清楚那些被我们视为经济的普遍过程、机制和秩序的本质和原因。我们从中了解繁荣，更重要的是，了解如何造就更多的繁荣，并确保更多的人从中受益。

要理解经济是如何运作的，我们就必须在经济有其本质——存在着经济和经济秩序——这一事实面前保持谦虚。经济学家的任务不是预测未来的具体情况，而是揭示产生我们可以观察到的经济结果的潜在过程。换句话说，我们必须用逻辑来理解所有经济现象和行为，也就是一种经济**理论**。经济学是一个关于**如何思考和推理经济**的框架，用来理解正在发生的事。如果你愿意的话，也可以认为它是一种"直觉"。

因此，学习经济学，从根本上说是为了获得经济学素养，这样我们才能更好地理解我们所处的世界。经济学关注的是真实的世界，而不是我们在形式化模型中发现的虚构世界。正如路德维希·冯·米塞斯[①]所言："经济学研究真实的人，脆弱而容易犯错误的

[①] 路德维希·冯·米塞斯（1881 年 9 月 29 日至 1973 年 10 月 10 日），20 世纪著名的经济学大师，卓越的自由主义思想家。奥地利学派第三代掌门人，自由意志主义运动的主要代表人物，被誉为"奥地利学派的院长"，代表作有《货币与信用理论》《人的行动》《理论与历史》等。——译者注

人，而非像上帝那样全知全善般理想中的存在。"是的，没错。

第 2 课

经济理论

　　和其他科学领域的研究一样，经济学是一个理论体系。理论是使我们理解事物的解释的集合。经济理论使我们能够**理解经济是如何运作的**。它解释了整个经济的运作，以便我们能够理解经济现象的意义、影响、起源和演变。

　　理论要想可靠、有用，就必须给出一个完整连贯的描述。如果没有，那么它的一些解释便会相互矛盾。矛盾就意味着有些地方是错的。因此，一个理论体系必须是一个严格的、逻辑一致的整体。这就意味着，它必须与它所基于的基本假设一致——它必须符合第一原理。

但是，如果这些原理本身就是错的，那么仅仅在第一原理基础上构建一个逻辑一致的体系恐怕还不够。毕竟，在错误的假设基础之上，也有可能构建一个逻辑自洽的理论。因为逻辑一致，所以这样的理论体系看上去很有说服力，但是它们并不能提供真正的理解，因为每一个解释都取决于一些不真实甚至可能不合理的东西。如果一个桥梁设计师相信纸比铁更坚固，那么你一定不想踏上由他设计的桥梁。不管他用的数学有多么准确，也不管设计有多么精密，一旦假设是错的，那么桥梁便不再可靠。即便所有计算都是准确的，桥梁也无法达到预期的承重。经济理论也是如此：它必须建立在坚实的原理和可靠的假设之上。

因此，一个理论要正确解释世界如何运作，就必

须保持内部逻辑一致性，并以真实的假设为基础。如果一个理论只满足其中一个标准，它就不能帮助我们真正理解这个世界。它必须同时满足这两个标准。

◇　起　点

经济学的基础是，人的行动是有目的的行为。这意味着，当人们行动时，他们试图实现某些目的。这并不意味着他们总是对的，或者总是在做"正确的事"（不管是什么）。但这意味着他们试图实现这些目的的原因，就是他们在某种程度上**看重**预期的结果。他们看重的是什么，为什么看重，以及这样做是否合情合理，都无关紧要。这些事情超出了经济学理论的范围。重要的是，他们的行动是由预期的结果驱动的。

经济学并不涉及人们为什么看重某些东西而不看重其他的，这似乎很奇怪。但事实正是如此。人们的梦想、幻想和想象，只有在**付诸行动**时才有经济意义。毕竟，如果你只有一个梦想，却没有采取行动，你就无法实现它，它仍然只是一个梦想。在这个世界上，梦想本身并没有什么用，仅仅有希望并不能使其成为现实。

所以，行动是研究社会现实的一个相当合理的起

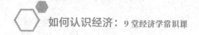

点。行动是我们改变世界的方式。

◇ 解读人的行动

认识到行动的本质——有目的的行为——有惊人的力量。它为我们提供的对人类事务的洞察力，远远超出大多数人的想象。事实上，经济学家路德维希·冯·米塞斯表明，经济理论可以从这个简单的概念中衍生出来。

我们来看看，仅通过阐述人的行动的含义，如何来了解世界。我们已经指出，行动人采取行动，是为了某种对其有意义的目的。我们知道，行动是为了达成某些行动人认为有益的结果。换句话说，行动的目的是实现行动者个人所重视的东西。

因为行动人正试图实现某些东西，所以他们还没有达到这个目的并采取行动，以使自己的处境比现在更好。因此，我们的结论是，有些东西是行动人想要但还没有的，但他们认为可以通过行动来实现，而他们相信这种行动会让他们过得更好。换句话说，行动的基本**因果关系**是：我们之所以行动，是因为我们相信行动可以带来特定的变化。

我们还可以得出结论，行动人认为他们的行动是取得结果的最佳或唯一途径。否则，他们为什么要采取这种行动？如果他们还没有这样做，就说明他们要么没有意识到这种可能性，要么缺乏采取行动的手段，要么认为其他目的更重要。所有这些都表明了稀缺的存在，行动人没有足够的手段来满足所有的需求，他需要做出选择。行动人必须做出选择，这意味着他或她必须做出权衡。换句话说，行动人要"**经济**"地行动。

我们还可以得出结论，人的行动实际上总是个人的行动，是由某些个人所重视的目的驱动，并朝着这个目的而采取的行动。其他个人可能会有相同的结果，为了达到目的，行动可能需要合作，但这并不会改变个人行动的事实。人们可能会选择一致行动，但那是个人的选择。集体本身并不会行动。四个人合作抬走一架钢琴，并不意味着是这个集体抬走了钢琴，而是四个人为了共同的目的协调了各自的努力。换言之，经济学是**方法论个人主义**的。

　　像企业、团体和政府，这些东西是存在的，并对人们的行动有实际影响。但是，如果认识不到企业、集体和政府中的人是如何行动的，我们就无法理解这种影响是如何产生的。认识到这一点，我们就会明白，集体中的行动人的目标也可能与集体既定的目标相矛盾，因此会出现关系紧张的情况，有些人的行为还可能会破坏集体的既定目标。集体本身可以行动的假设是不可能成立的。

◇　**行动公理的精华**

　　经济学使用逻辑推理来解释经济形成的过程，它认识到行动的动机是个人的——**价值是主观的**。价值的主观性，使经济学家能够阐明一个真实而可靠的理论，用来解释价格是个人边际评价的结果。因为个人在行动之间做出选择，就必须对选择进行排序。而这个排序也是主观的，是基于他们期望的行动结果所能带来的预期价值。

我们评价的从来不是事物本身，而是它们能给我们带来的满足感。沙漠里的一杯水，可能比家里沙发上的一杯水，给人带来更多的满足感。为什么？因为我们对事物的评价，是在我们身处的具体环境中，通过评价它们能给我们带来的满足感来实现的。当我们躺在沙发上时，我们从一杯水中获得的最大满足感，远不如在沙漠中努力维持水分和生命更重要。而且，我们拥有的东西越多，它所带来的满足感就越低。事实上，我们对事物每一个单位的评价，都取决于我们能从其最后一单位（边际）中获得的满足感。所以在任何情况下，如果我们有三杯水，那么我们对每一杯水的评价，都会比我们只有两杯水的时候要低，但要比我们有四杯水的时候要高。因为对我们来说，任何一杯水的价值，都取决于它对满足感最低的，也就是

边际价值的贡献。这就是为什么我们的行动会因为我们有多少东西，这些东西对我们有多重要，以及我们期望从中得到什么样的满足而有所不同。①

———————

① 这实际上是"边际效用递减原理"，不过奥地利学派经济学的解释不同于传统经济学的解释。传统经济学对于边际上那一杯水的评价和解释，需要和前面几杯水相关联，与人体的生理感受有关。而奥地利学派经济学的解释，对边际上那杯水的解释是独立的，是跟具体的目的有关的，而跟此前的用水以及生理心理感受无关。——译者注

　　换句话说，行动将我们头脑中的主观评价和外在于我们头脑的事物联系起来，而这个主观评价就是我们对行动可能结果的一个排序。行动将个人无从衡量的评价与现实世界的结果连接在一起。如果理解了行动作为经济推理的起点，价值是主观的这一事实对于理解商品和服务的生产以及其他经济现象就不再有问题。我们不必知道人们的评价是什么或为什么，只需要知道他们做出了评价。而且，他们会相应地采取行动。

　　所有的经济现象，比如资源分配、市场价格、商业周期，都是人行动的结果。而我们知道，人的行动总是有目的的，总是经济的。因此，经济学的任务就是从"行动"这个终极原因的角度来理解经济及其所包含的一切。

第 3 课

如何进行经济学研究

经济学经常被指责为是一种"意识形态"——提倡**自由市场**。这其实是一个误解。

经济学中的自由市场是一种模型，一个分析工具。它排除了复杂的情况和影响，使我们能够**单独研究**核心的经济现象，以避免其他影响的误导。在经济学中，我们感兴趣的是理解经济力量的本质和关系。换句话说，我们排除了那些妨碍经济的因素，比如那些影响人们行为进而影响经济结果的管制。结果便是，我们得到了一个只有经济力量在发挥作用的经济——"自由市场"。

自由市场模型的作用，类似于物理学中研究自由落体。自由落体模型排除了空气阻力等因素，以便研究重力的作用。如果不把重力和其他力分离，我们就

不可能研究重力，因为这些力对物体也有影响，可能增加或减少重力的作用。经济学用同样的方式，使用一个不受约束的自由市场模型：排除其他因素的干扰，研究经济动力。在研究对经济的各种影响之前，我们必须了解经济本身是如何运作的。

经济学宣传和倡导自由市场，就像物理学宣传自由落体一样。经济学的推理离不开自由市场模型。

◇　交换的意义

经济学依赖于经济推理，也就是用逻辑来确定"为什么"或"为什么不"，以及"何时"或者"何时不"。这就是我们如何理解我们所看到的，以及如何揭示其暗含的经济过程。我们以亚当（Adam）和贝丝（Beth）这两个人之间的基本交换为例加以说明。

假设亚当给了贝丝一个苹果，而作为回报，贝丝给了亚当一夸脱①牛奶。我们有两种方法可以分析这个交换。其中一种方法是实证研究，通过观察现实生活中的交换并搜集"客观"数据，也就是用那些在交换之前、期间和之后的可测量数据来研究。利用这些数据，我们可以描述发生了什么，并寻求一种解释。

对于经济推理，我们没有必要深入具体问题中，这种方法并不适合理解交换的含义。即使详细地研究交换的细节，我们也无法揭示为什么苹果会从亚当手中转移到贝丝那里，为什么牛奶会反过来从贝丝那里到了亚当手中，甚至无法知道这两次交换是相互关联的。可观察的数据本身没有任何意义，除了谁拥有什么和什么时候拥有这点仅有的事

---

① 夸脱是容量单位，主要在英国、美国及爱尔兰使用。美制：1 夸脱等于 0.946 升。英制：1 夸脱等于 1.1365 升。——译者注

实之外，它们不能告诉我们任何东西。严格来说，这些数据甚至无法告诉我们曾经有过**交换**。

经济学不仅仅提供描述，比如"亚当有苹果，贝丝有牛奶"，以及一分钟后"贝丝有苹果，而亚当有牛奶"，还能让我们理解，这是一种交换以及交换对参与各方的意义。我们知道这一定意味着什么，因为他们**选择**了这样做。这种交换不只是某些外部刺激的结果，交换不是自动完成的。

但是，为了研究这一点，我们必须从理解亚当和贝丝正在做的事情开始进行推理。换句话说，我们通过所谓的"先验理解"（a priori understanding）①认识到，他们两个人实际上都在

---

① 原文中的"a priori"一词，是康德哲学中的用语，通常译为"先天的"。但这个词在经济学译作中通常译为"先验的"，意思是先验理论独立于经验而成立，不依赖于经验也不是从经验中总结出来的，相反，它是理解经验的前提。——译者注

行动，并且正在试图完成某些事情。正如路德维希·冯·米塞斯提醒我们的，人的行动是有目的的行为。

有了这个理解，我们可以很容易地看到，这实际上是一种交换：亚当用他的苹果换取了贝丝的牛奶。因为亚当和贝丝交换了商品，所以我们还可以知道，除非其中一人受到胁迫或欺诈，否则他们都期望通过交换所得而过得更好。所以，他们交换的原因是，亚当认为牛奶比苹果的价值高，而贝丝则认为苹果的价值高于牛奶。

这一结论似乎很明显，而且应该是：我们都有这样的基本理解，人的行动是一种有目的的行为，以达到某个期望价值更高的目的。我们行动的原因，是我们想要有一些改变，而且我们认为这种改变在某种意义上会更好。

正是基于这一基本理解，我们明白了亚当和贝丝的交换。我们可能不同意他们的评价，但我们不需要同意。我们仍然理解，自愿交换必须基于双方"需求的双重巧合"。也就是说，亚当和贝丝都期望通过交换过得更好，否则他们就不会交换。

◇　价格和价值

在我们的例子中，亚当和贝丝的交换没有受到阻碍，也就是一个自由市场交易。这是一个高度简化的例子，但简化并不是问题。简化有一个优势，它可以让我们确定核心过程和机制。把交易复杂化，我们并不会获得更多理解，比如在交换案例中加入管制、许可要求、合法界定、健康指导、税收等因素。事实上，这些因素会使我们更难弄清楚实际发生了什么。有太多的事情可能会影响亚当和贝丝的决策。

因此，研究一个没有复杂因素影响的交换很有意义，这样我们就可以了解交换的含义。这也意味着，我们可以添加更多的因素，看看它们如何改变结果，并了解这些因素与交换的关系或影响。①我们一步一步地从核心开始，然后增加其他因素。如果我们不能了解交换本身，那么我们也无法了解其他事物会如何影响它。

也许贝丝是一个奶农，她非常喜欢亚当在果园里种植的苹果，并愿意用一加仑（四夸脱）的牛奶换一个苹果。也许她认为亚当的苹果就是那么好，因此"支付"一夸脱对她来说很划算。难怪她对这次交易很满意！②

---

① 这类似于用真空中的自由落体来研究重力，或是假设摩擦力为零来研究力学原理。但是，经济学无法像物理学那样通过实验来研究，所以只能通过假设的不受影响的交易来思考核心机制和原理，然后加入其他因素来考察其影响。——译者注

② 贝丝内心愿意支付的最高价格是四夸脱牛奶，实际上只需要支付一夸脱牛奶，所以她觉得很满意。这两者的价差通常称为"消费者剩余"或"消费者盈余"。——译者注

　　但反过来也是如此。我们必须得出结论，亚当也认为一夸脱是一个很好的"价格"，然后进行交换。他认为贝丝那一夸脱牛奶的价值要高于一个苹果的价值，如果他不这么认为，交换就不会发生。因此，虽然亚当确实可以用苹果换取更多的牛奶，比如四倍于此，但很显然，他对得到一夸脱牛奶也很满意。也许他愿意用两个苹果交换一夸脱牛奶。从他个人价值衡量的角度来看，他只需要支付一个苹果，这仍然是一笔不错的交易。①

　　但我们不需要知道亚当和贝丝的实际估值。事实上，他们也不需要知道这些。重要的是，他们都认为这个交换是"值得"的。他们支付的"价格"，不会高于他们对所获回报的估值。如果亚当不会接受低于

---

① 　亚当和贝丝愿意付出的最高价格，都是他们的内心活动，外人无从得知，我们只是作为举例说明，重点是已经达成的交易必然是双方都认为是获利的，否则交易不会发生。简单来说，市场交易是一个"双赢"的结果。——译者注

五夸脱的牛奶来换取一个苹果，交换就不会发生。因为这对贝丝来说不值得。

这看上去很明显吗？是的，但我们通过阐述交换必须具备的条件，已经学到了很多东西。我们已经确定了交换的必要条件（双方都必须期望从中获益，他们各自支付的"价格"不能高于各自对回报的估值），并且区分了互惠互利的自愿交换和非自愿转移（比如盗窃）。虽然我们还没有详细说明后者，但我们很容易看出，除非受到胁迫，否则双方或任何一方都不会进行对他们不利的交换。或者，他们可能受到了某种形式的欺骗或欺诈。

◇ 价格机制

让我们再加上第三个人——查理（Charlie），他种植梨。贝丝喜欢这种美味的新东西，并很高兴地用她所有的牛奶换了一篮子梨，也就是用三加仑（12 夸脱）牛奶换了 15 个梨。亚当过来试图重复昨天与贝丝的交换，但是贝丝已经没有牛奶了。第二天，亚当提前拜访贝丝，以便在查理得到所有牛奶之前有机会"买"到牛奶。贝丝更喜欢查理的梨而不是苹果，但亚当说他愿意用两个苹果换一夸脱牛奶。由于她的牛奶现在可以买到比以前多一倍的苹果，她要考虑一下。

这个简单的例子，帮我们洞察了价格机制如何运作。价格就是交换比率。它们并不是随机决定的，而是由人们对不同商品的排序决定的。我们可以看到，价格的最终走向是有限制的。贝丝的价格上限是每个苹果换一加仑牛奶。对于更高的价格，她就认为不值了。但是有了新的机会可以交换梨，贝丝就认为苹果不再值得购买，即使是一夸脱牛奶的价格。这一点从她昨天只买了梨就可以看出。她对一个苹果的评价可能没有变化，但她更看重跟梨的交换。我们的购买决策正是基于这种价值的比较。它们是相对的：我们追求自己最看重的东西，而我们付出的价格，受到我们对所得到的东西和所支付的东西的估值的限制。

我们可以用这个例子来确定，在亚当、贝丝和查理当前的估值下，苹果、梨和牛奶之间的自由市场交换比率（价格）会是多少。对贝丝来说，用一夸脱牛奶换一个苹果是值得的。但是，如果她能用一加仑牛奶换五个梨，这对她来说就更划算了。亚当现在提出用两个苹果换一夸脱牛奶，贝丝正在考虑。如果她接受了这笔交易，这就意味着贝丝对梨的评价介于一到两个苹果之间。即使我们假设贝丝对苹果和梨的口味没有改变，我们也不能比这个估计更精确。看起来，第一天一个苹果换了一夸脱牛奶，第二天五个梨换了一加仑牛奶，第三天两个苹果换了一夸脱牛奶。但是，我们没有观察到，也不知道这三个人的估值极限是多少，或者它们是如何随着时间而改变的。

这就是价格的逻辑。如果增加更多的人和商品，我们将更难跟踪每个人和每件事。但其机制都是相同的。价格就是交换比率。即使每个人都开始使用其中一种商品作为共同的交换媒介，比如货币，它依然成立。如果每个人都开始用购买牛奶的数量来衡量商品的价格，价格比较就会更容易。但价格仍然是交换比率，交换仍然是为了互惠互利。

◇ **循序渐进的方法**

实际上，我们从亚当、贝丝和查理的例子中获得的所有重要信息都不是基于观察的，而是基于我们对人的行动的先验理解。因为我们明白，我们的行动是为了获得我们认为有价值的东西，我们与他人进行交换是为了共同获益，所以我们可以揭示亚当、贝丝和查理交换的意义，以及他们确定的交换比率。仅仅是观察谁在什么时候拥有什么，也许还有交换的"机制"，并不足以让我们理解正在发生什么。同样，在整个经济中，我们不能进行两次观察，并假装已经了解了造成它们之间差异的过程。我们必须通过行动的逻辑来解释实际发生的事情。

让我们提前考虑一个货币经济的例子（我们将在第6课讨论货币）。货币具有一定的购买力：我们需要一定数量的货币来购买不同类型的商品。很多经济学家，无论过去还是现在，都正确地宣称，货币供应量（有多少货币可用）会影响商品的价格。随着新货币的产生，我们就有更多的钱来购买相同数量的商品，所以货币价格往往会上涨。如果可购买的商品数量不变，但货币供应量下降，货币就更难获得，货币价格就会下降。

但这并不意味着我们也可以得出结论，认为货币供应量和商品价格存在一个比例关系。货币供应量翻倍并不会使所有商品价格翻倍。事实上，即使我们一夜之间神奇地将所有货币量翻倍，当我们第二天醒来时，发现每个银行账户、钱包和床垫中的钱都翻了一倍，我们仍然不能由此断定所有商品的价格都会翻倍。为什么？因为人们对现金翻倍的反应不尽相同，也不会同时做出反应。新的价格和旧的价格一样，将由人们的行动决定。

为了使用正确的经济学推理，我们必须一步步地走完这个逻辑，以充分考虑到随着时间和顺序发生的变化。我们知道，价格是供应（多少可供销售）和需求（人们愿意购买多少）所决定的交换比。但是，一个人手上的现金增加一倍，并不意味着他们会加倍购买同样的商品。相反，相对于其他可以购买到的商品，他们总是会购买那些最能满足他们需求的商品。

换句话说，如果人们在现金翻倍之前购买了两磅黄油，那么我们没有理由期望他们之后会购买四磅黄油。可能的情况是，相比于第三磅和第四磅的黄油，有其他商品更能满足他们的需求，他们就会去购买这些商品。毕竟，他们之前就没有购买第三磅黄油，这肯定是有原因的。正如我们所了解的，在任何情况下，个人都会追求他们认为对自己最有价值的目标。

就像上面的例子中，贝丝选择了梨而不是苹果，当亚当给她提供了更好的交易价格时，她又选择了苹果而不是梨。人们一觉醒来，有了更多的现金，就会去购买他们认为最好的东西。有些人可能选择简单地购买更多相同的东西，有些人可能会选择在他们平常购买的东西之外增加一点，还有些人将购买完全不同的东西。这就意味着，销售的需求将以不同的方式发生改变：有些商品的需求将增加，有些将减少，而其他商品的需求可能没有变化或变化很小。这就改变了它们的市场价格。需求增加会使一些商品的价格上升，反之亦然。

个人并不总是同时行动：有些人会在价格调整之前较早行动，这意味着，考虑到商品价格，他们的购买力实际上已经翻了一番。他们的实际购买（他们的需求）将会影响他们所购买商品的价格，这意味着，**对于较早的行动者所购买的商品**，那些后来的行动者可能会面临一个更高的价格。价格是由人们的行动决定的，而不是一个数学公式。

想象一下，如果较早的行动者并没有用他们多出来的钱购买两磅黄油，相反，他们把钱花在了糖果上，这就意味着，当后来的行动者想买的时候，糖果已经卖没了。不管剩下什么糖果，都是比较稀缺的，精明的店主可能会利用需求的突然增加来涨价。因此，相比较早的行动者，后来的行动者将面临不同的价格情形，有些价格更高，有些未必——有些原本应该会更便宜。他们的行动将取决于他们面对的具体交易，但没有理由假设人们的行动总体上会神秘地保持平衡，从而所有价格最终都是前一天的两倍。我们可以得出的结论是，总体而言，价格将会趋于上涨，因为钱更多了，但商品并没有变多。但是，所有商品的价格不会随着货币量的增加而成比例地上涨。

这一步步的分析表明，通常认为货币量增加一倍将使所有价格增加一倍的结论，既很草率也没有根据。价格调整既不是均匀的，也不是同时发生的。因此，说货币在经济中是"中性"的，是错误的。即使是"魔法货币"，也不是"中性"的。[①]

◇　作为社会科学的经济学

对经济推理的逐步分析，凸显了经济学等社会科学与化学或地质学等自然科学之间的重大差异。我们不能仅仅依靠观察和测量来理解社会现象，也不能依靠静态分析或者数据汇总来理解社会现象。我们有必要把经济看作一个过程——一个不断演变的复杂适应性系统，并且一步步通过逻辑来揭示这个过程，以及随着时间的推移而产生的实际影响。

[①]　"魔法货币"（magical money）的意思是，即使所有人的钱魔法般地同时增加一倍，对经济的影响也不可能是"中性"的。更何况，我们无法做到这一点，所以"货币中性论"是错的。——译者注

　　这意味着，理论在社会科学中具有不同于它在应用于自然科学时所具有的作用和意义。理论对于观察来说是"先验"的，它使我们能够理解我们所看到的，而不是反过来。理论为我们提供了一个框架，通过揭示潜在的过程使我们**理解**我们所看到的，但它不能用来预测精确的结果。要像自然科学那样进行预测，我们需要知道人们的实际主观评价，看看他们看到了什么，以及他们如何理解自己的情况。但作为观察者，我们无法获得这些信息。

　　因此，社会科学以及经济学的理论意义必然不同于自然科学。理论是由可以从人的行动中逻辑推导出的东西构成的。它是我们对所有社会现象的解释，这种解释基于我们对"行动的意义"的理解。毕竟，所有社会现象都有一个共同点：它们是人们行动的结果。

　　这意味着，在范围上，社会科学理论比自然科学理论更为受限，但它也符合一个更高的标准：社会科学理论是**真实的**，而不仅仅是尚未被证伪的假设。[①]

①　卡尔·波普尔（Karl Popper）的科学哲学观认为，"可证伪"是科学理论的必要条件。自然科学以及实证主义经济学认为，理论来源于假设，且要求理论具备"可证伪"性，正确的理论是可以被证伪但尚未被证伪的理论，是一种暂时正确的理论。但奥地利学派经济学理论的起点并不是来自假设，而是来自最初不证自明的公理，以及由此通过推理演绎而建立起来的逻辑体系，所以无须满足"可证伪"的要求。另外，卡尔·波普尔的科学哲学也并非唯一的主流科学哲学。在波普尔之后，还有像托马斯·库恩（Thomas Kuhn）提出的范式（paradigm）理论同样很有影响力。——译者注

第二部分

市　场

第 4 课

一个过程，而不是一个工厂

　　为了帮助我们理解经济中正在发生的事情，重要的不是摆在商店货架上的商品种类和数量，而是它们为什么在那里以及如何到达那里。

　　要回答这个问题，我们并不是简单地指出这些商品是在上周用卡车运抵的，因为这只告诉我们它们是如何被运到商店的。这并没有告诉我们，为了获得它们所必须采取的所有步骤。而在一个商品可以在商店买到之前，会发生很多事情。你在商店货架上看到的每一件商品，最初都是由某个人想到的；它被设计，然后生产出来。生产工艺需要研发，所有操作和必要的机器、工具需要设计，生产过程需要监督和管理。有人必须考虑如何以最佳方式向商店推销和销售货物，并解决物流问题。还有人必须为整个流程提供资金。

换句话说，为了理解我们在周围看到的一切，包括我们认为理所当然的一切，我们必须认识到，经济不是一种状态，而是一个**过程**。观察经济状况的快照，几乎不能告诉我们它是如何运作的，反而会误导我们，让我们轻易得出结论。如果没有认识到这个过程，我们就很容易得出结论，认为某个特定的情况是低效、错误或者不公平的，并且认为很容易改进它，纠正错误，或计算出一个更为公平的结果。

例如，我们只看画面的一部分，零售店主拥有这么多商品，其他人却没有，这似乎不公平。但综观全局，我们就会意识到，这些商品最终并不是零售店主使用的，而是消费者使用的。零售商不是一个囤积者，也没有"经济权力"。零售店主提供的服务是向消费者提供这些商品，并依靠他们购买商品的意愿和能力来维持生计。如果没有零售商，消费者需要从批发商那里批量购买每一件商品。零售商为我们提供了可以在一个地方购买很多商品的便利。

◇ 一个协调的过程

对于经济而言，除了我们在商店货架上看到的商品的生产，还有更多东西。商品生产之所以成为可能，是因为还存在着其他过程和生产。比如，糖果生产商通常不生产其中的糖、香料或者色素。糖果生产商很少制造他们用来生产糖果的机器，生产、包装和准备运输糖果的建筑，以及为他们供电的发电厂。仅

仅说糖果是由一个人生产的，最后才摆在商店的货架上是不够的。事实上，如果没有那些已经存在的必要成分的生产者，糖果生产商就不可能制造出糖果。

总之，糖果生产商是一个更长的供应链的一部分，填补了整个生产过程中的缺口，其本身包括许多生产商和具体的生产过程。这些通常由不同企业完成的流程，共同构成了一个非常长的运营链，一步一步从"原始要素"中生产特定的商品。我们最初可以得到的原始要素是自然和劳动力。有人开垦土地种植甘蔗和玉米。有人决定提供运输服务，这也是因为有人已经铺设了道路并制造了卡车。这些卡车得以制造，是因为有人已经在生产钢铁、塑料和卡车所用的所有其他原材料。钢铁之所以可以生产，是因为其他人在经营矿山和冶炼厂。如果我们列出使得糖果生产商可以制造糖果的所有东西，那将是一个长长的清单。即使像糖果厂工人休息时喝的咖啡这样的小东西，也是许多国家数千人参与的一个漫长供应链的结果。重要的不是要把制造某个商品所涉及的所有东西都描绘出来，而是要理解经济是所有这些事物共同作用的结果。

似乎需要很多企业和工人来生产一长串的商品，

其目的只是制造你可以购买的糖果。从某种意义上说，这是真的，他们都参与其中，而且他们都是使你能够获得最终商品的必要条件。但是，矿工不需要知

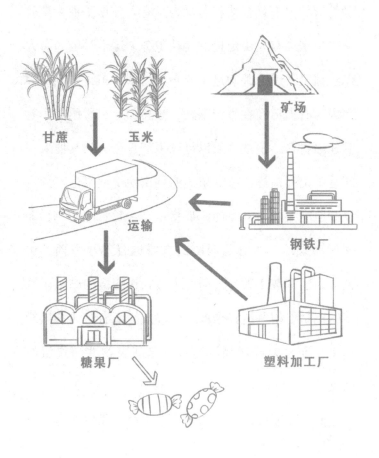

道从铁矿里取出的矿石会变成钢铁，也不需要知道钢铁会被冶炼成机器的一部分，从而生产出你今天在商店里可以买到的糖果。种植咖啡豆的人不知道他的咖啡会给遥远国家的工人提供饮料，而他们正在制造你考虑购买的特殊糖果。同样，零售店主也不需要知道，在商店货架上有糖果供应之前发生的所有步骤。

关键是，你在商店里看到的任何商品，其精细、复杂的生产过程，并不是由某个人特意设计安排的。整个过程没有围绕生产特定商品进行协调。没有人制定蓝图或流程图来说明所有这些步骤及其顺序。没有人估计需要粉碎多少岩石来生产最终用于生产糖果的铁矿石。推动这一过程的不是商品创造，而是为作为消费者的你进行的价值创造。

在整个经济中，企业之间相互竞争，通过生产和提供商品来尽可能多地创造价值。我们将其称为竞争，即生产相同或类似的商品，比如糖果制造商之间的竞争。但这个观点非常狭隘。糖果制造商还间接地竞争生产糖果的机器所用到的钢材，这意味着他们与所有其他使用钢材的生产商竞争。糖、工人和工人喝的咖啡都是如此，也许他们中的一些人还会在咖啡里加糖。

为什么生产出来的一些钢材会被用在生产糖果的机器上？这个问题的回答将在第 5 课详细讨论。现在，我们只要注意到，所有企业都直接或间接地面向消费者生产商品就可以了。所有的生产都有这样的目标，比如钢铁生产商，无论他们是否确切知道自己生产的钢材将被用来做什么。他们不知道，也不需要知道。正是消费者在生产出来的商品中看到的价值，决定了他们愿意支付多少钱。正是这种支付，说明企业在整个经济中的投资和支出具有合理性。因此，间接协调所有企业做什么以及如何做的，是它们期望能够为向消费者提供有价值的商品做出贡献。

◇ 持续创新

有一点需要重视，那就是竞争超出了我们所能见到的商业活动和生产活动。的确，这些企业是在竞争。正如我们在前文看到的，它们通过试图购买相同的生产要素，并试图向相同的客户销售产品而进行直接和间接的竞争。然而，这种对竞争的理解十分局限，它忽略了长期重要的东西。企业不仅会与现有企业竞争，还与尚未存在的企业竞争。而现有的企业是已发生的竞争的结果。

如果这听起来很奇怪，那是因为我们习惯于将经济视为一种状态、一个快照，而不是一个过程。今天存在的这些企业，是已经发生的竞争淘汰过程中的幸存者。正是因为这些企业更优秀、更具生产力、提供了质量更高的商品，等等，所以它们目前还在经营。

而且，只有在持续优于竞争对手的情况下，它们才能继续经营下去。它们不仅要超越其他幸存的企业，还要超越那些尚未启动或者仍在开发或改进产品的企业。其中还包括那些生产尚未面世的商品的企业，这些商品甚至可能还没有被想象出来，但可以为消费者提供比现有商品更高的价值。

新产品、生产技术、材料、组织等的创新，会深刻改变一个经济体如何生产商品以及生产什么商品。在马车作为标准运输工具的时代，马厩和运输企业之间肯定存在竞争，就像马车制造商之间存在竞争一样。但如果我们只看到这些企业，我们永远无法解释，它们是如何被那些带来汽车时代的企业取代和超越的。如今，很少有企业可以通过生产马车赢利。原因是，汽车为消费者提供了更高的价值。

从消费者的角度来看，在汽车可以买得起之前，马车一直有其价值。而汽车提供了更高的价值，这

就是为什么汽车破坏了马车企业的盈利能力，并最终摧毁了马匹和马车业务。这有时被称为"创造性破坏"①。这是经济发展的核心：旧的、价值较低的生

---

① "创造性破坏"（creative destruction）是经济学家约瑟夫·熊彼特（Joseph Schumpeter）在《经济发展理论》一书中提出的概念，指的是企业家需要不断创造出新产品、新技术、新市场、新的原材料和新的组织方式。熊彼特认为，处于经济增长核心位置的是企业家，企业家是经济增长的国王，经济发展的每一个环节都离不开企业家。——译者注

产，让位于新的、价值较高的生产。

当我们认识到这种创造性破坏是真实存在的，并且它给企业带来了不断创新和重塑自我的压力，以免企业被取代时，我们就会意识到，我们只能把经济理解为一个过程，而不是其他任何东西。经济随着时间的推移而演变和发展，重塑自我。竞争不仅仅是两个或多个生产和销售类似产品的企业之间的竞争，还会在现在和未来持续迫使企业更好地服务消费者。历史上充满了成功的、有影响力的企业，其中许多被认为太大、太"强大"而无法与之竞争。它们中的大多数早已消失并被遗忘，因为有人发现了如何为消费者创造更多价值。

◇　持续的不确定性

虽然我们最好把经济，特别是市场经济理解为一个过程，但将其视为一个生产过程是不对的。这一点我们已在前文简要谈到，但值得重申和详述一下。一个经济体包括生产过程，但这些生产过程本身是经过选择的：它们是在不断淘汰低价值的生产之后幸存下来的。随着新的、更高价值的生产过程被尝试，在这些幸存的工艺中，有许多会被淘汰。

一个生产过程包括从特定投入中生产特定产出的操作。它是典型地被设计和组织的，但也不一定。我们可以把它看作是工厂里发生的事情。工厂内发生的具体操作会随着时间的推移而改变，人员和机器也会改变。在某种意义上，其中大部分是可以替换的。有时候工厂本身也会被重新调整用途，但使其成为工厂的原因是一样的：它把投入变为产出。一般情况下，工厂并不产出，它不是一台神奇的生产机器。工厂需要通过一个工程化的生产过程，使用特定数量的投入来生产明确的产出（商品）。

所有这些都不适用于作为一个过程的经济！一个经济体的"产出"是以消费品形式出现的价值，但实际生产的商品会随着时间的推移而变化，它们各自的价值也在变化。经济的过程不是它的实际生产——不是生产过程以及生产的商品，而是对那些为消费者提供最大价值的产品的不断**选择**。计算机取代打字机，彻底改变了办公室的工作流程，就像汽车取代马车一样，因为它为消费者提供了更有价值的交通方式。我们今天的大多数商品，以及它们的生产过程，迟早会被更好、更有价值的商品和过程取代。

我们不能说哪些产品会被尝试，更不能说哪些产品会成功。换句话说，生产总是不确定的。在产出的价值被发现之前，它需要某种形式的投资。这个价值最终由消费者在使用商品时才能体验到，对它的期望决定了他们愿意支付的价格。但是，仅仅满足需求是不够的，在消费者看来，该种商品必须比他或她期望从已有的其他商品中得到更大程度的满足才行。只有这样，消费者才会购买该产品。

商品数量和种类，取决于企业家和投资者的想象力。换言之，正是企业家想象、设想并致力于创造有新价值的商品，推动了经济中生产的发展。事实上，消费者在判断哪些企业家的产品有足够的价值，以及能够以什么价格购买。换句话说，拥有自主权的消费者，通过买或者不买，决定了哪些企业家可以盈利以及哪些企业家亏损。

第 5 课

生产和企业家精神

我们为什么要生产？原因很简单，大自然并不能自动满足我们所有的需求。野生动物、谷物和浆果并不足以维持全世界的人口。计算机、飞机和医院也不是长在树上的。

换句话说，我们可用的手段是稀缺的。当为了满足某个欲望，我们所需要利用的某种资源超出我们所拥有的资源时，我们就必须"节约"。也就是说，我们必须做出选择，并权衡利弊。因此，我们有必要谨慎使用资源，这样我们才不会浪费资源或将其用于错误的事情。

有两种重要的策略来应对稀缺问题。第一种策略是配给，这意味着我们限制资源的使用，使资源的使用持续更长时间。对于任何有限的特定资源来说，这是一种常见的、适当的策略。比如，如果一个人只有有限的水和食物，并且没有希望获得更多的水和食物，那么限制饮水和进食对延长寿命来说就是有益的。然而，这种策略虽然很直观，但通常不适用于整个社会，尤其是市场。

更好的策略是生产，它使**价值**变得"经济"。简单地说，生产让我们能够利用现有的资源满足更多的需求，它创造了更多的价值①，而不仅仅是撒钱。

---

① 　原文是"get more bang for the buck"，意思是尽量设法获得更多的利润或价值。——译者注

◇ **生产克服稀缺**

生产通过创造更好的手段减轻了稀缺造成的负担，通过改变、利用和改进大自然提供的东西来创造更多价值。正是由于我们从事生产，我们可以满足更多的需求，而且是更高价值的需求，否则是不可能满足的。

我们在生产方面做得越好，可用的手段就越多，就越适合我们。这就是"经济增长"的含义。经济规模越大，生产效率就越高，就意味着能更好地满足消费者的需求，也就是创造了更多的价值。[1]

---

[1] 请注意，这不是在创造东西，而是在满足需求。一个经济体，生产更多商品，相比于生产更少的商品，并不一定就意味着创造了更多价值，它也可能只是有更多的浪费。重要的是商品的价值，而不是商品的数量或大小，当然也不是用于生产它们的资源数量。生产是创造资源的过程，生产率是对每单位投入产生的价值的衡量。

　　许多人认为面包是充饥的重要手段。无论我们是否喜欢面包，大多数人会觉得，吃面包比生嚼小麦和酵母并用水冲服下去更舒服。所以，我们会把面粉和酵母混合做成面包：面包的额外价值证明了其生产的合理性。即使这意味着我们需要额外地使用烤箱、电力、人力等资源，我们依然从中获得了价值，而且必须等待面团发酵后再进行烘烤。

　　我们很容易得出结论，认为面包比原料更有价值，这是因为制作面包使用了额外的资源。但这是错的。恰恰相反，我们之所以选择投入原料、人力、时间等资源，是因为我们预期面包能给我们带来更大的满足感。通过投入资源制作面包，包括获取制作面包所需的知识和专业技能，经济体创造价值的能力获得了提高。投资使我们过得更好，不仅是因为我们得到了面包，还是因为我们获得了烤面包的能力。只要面包还有其价值，而且烤面包的能力得以传承，投资就

会创造更多的价值。

正是面包的预期价值使投资值得追求。如果某样东西因为我们使用更多的资源来生产才更有价值，这对我们来说并不经济。如果用更多资源会使商品更有价值，那我们为什么还要使用更少的资源呢？使用的资源越多，我们就过得越好，这当然是无稽之谈。

我们节约资源，因为使用超过所需就是浪费。我们如果能避免浪费，就可以用这些投入生产更多有价值的产出。

然而，资源使用和价值产出通常是相互关联的，它们似乎是相辅相成的，至少事后看上去是这样的。因为预期价值决定成本。换句话说，如果我们的目标是生产我们预期有更大价值的东西，我们就可以利用资源来生产它。相反，如果目标产品的价值有限，我们就没有理由投入那么多资源。成本的选择是基于生产的预期价值。这意味着，高档品或奢侈品并不是因为它们使用了稀有、昂贵的材料生产而变得价格高昂，而是因为它们需要支付高昂的价格去购买，所以才会使用稀有、昂贵的材料去生产。价值决定成本，而不是相反。

这听起来有些违反直觉，所以我们再次用做面包来加以说明。面包是一种消费品，所以我们很容易理解其价值：它直接满足了人们的需求，使人们过得更好，因为它能充饥，而且味道不错。人们对面包的评价可能不尽相同，但都认为面包能够带来一些个人满足。但是，人们怎么评价那些制作面包所需要的东西呢？面粉、酵母、水、烤箱和电，并不直接为消费者所享用，只是用来生产最终产品的手段。它们只是通过制作成面包来间接地满足消费者的需求。

这些资源有价值，因为它们可以用来制造面包。如果我们添加对消费者的体验没有贡献的资源，我们就可以很容易明白这一点。想象一下，面包师买了一个汽车发动机并把它放在面包房里。这对面包店来说是一种成本。但它是否增加了面包的价值？答案是：完全没有。这个发动机并没有增加面包对消费者的价值。消费者不会因为面包师购买了一台发动机而给予面包更高的评价，也不会为此支付更高的价格。同样，不同类型的面粉或烤炉，确实会影响产出。消费者看重的是产出，而不是投入。如果他们对小麦面包和黑麦面包的评价相同，那么面包师使用哪种面粉并不重要，所以越便宜的选择就是越"经济"的选择。

如果我们考虑相反的情况，我们就很容易看到这一点。想象一下，有一个面包师，人们喜欢他做的面包。对我们来说，面包有价值，面包店和面包师用来制作面包的材料也有价值。再想象一下，人们突然都不想要面包了，所以面包师再也不能卖面包了。那么他的面包有什么价值？面包的价值是零。他的烤箱的价值会是多少？烤箱的价值也会下降，可能会降到零。

注意这里是"可能会降到零"，因为这取决于面包烤箱还有没有其他用途。如果它只能用来做面包，它就不再有什么利用价值了。当没有人再需要面包时，为什么还会有人需要烤箱？如果人们不需要面包，烤箱也就没用，没有价值。但是，如果烤箱材料

（钢、玻璃等）可以被回收并用于其他用途，那么烤箱可能还有点残值。烤箱的价值下降到了这个残值，因为它现在的用途已经是它的最高价值。

这不仅仅适用于烤箱的材料。如果烤箱还可以用于烤面包以外的其他用途，那么它的价值可能比废品要高。但烤箱的价值会下降，为什么？烤箱之所以被用于烤面包而不是其他东西，是因为烤面包的用途价值更高。事实上，面包师之所以购买或制造烤箱，是因为它有助于创造价值。"经济"意味着我们选择价值更高的用途，因为这样我们可以从资源的使用中获得更多的价值。但随着时间的推移，情况会发生改变。如果烤面包不再有其价值，烤箱的价值就会下降。它的价值，不能高于它在生产其他有价值的东西时所具有的各种新用途中最佳用途的价值。如果有人认为烤箱存在比烤面包更好的用途，那么烤箱对这个人来说比对面包师更有价值。那么，我们就会期望这个人在其他条件不变的情况下，以高于面包师对烤箱评估的价格从面包师那里买下它。

这个简单的例子表明，所谓的生产手段本身并没有价值，其价值在于如何有助于生产有价值的消费品。所有生产资源的价值，只是因为它们有助于创造消费者所需的商品。对于像油轮这样远离消费者的东西也是如此。它的价值不是来自制造它所使用的资源，而是来自它如何用来帮助生产有价值的消费品。当然，资源被用来制造油轮，因为人们预计它将会为有价值的消费品做出贡献。油轮可能的产出所具有的预期价值，使生产它的成本具有合理性。

◇　资本与生产

努力生产是为了创造消费品，直接满足需求，但并非所有生产都是消费品。用于烤面包的烤箱就是一个例子，就像面粉、酵母和面包店的生产一样。烤箱的制造旨在**支持**面包的生产。换句话说，烤箱使得（或至少是为了使）制作面包更容易，从而提高我们的生产力。

这些只是间接满足消费者需求的"生产资料"，它们被称为资本或资本品①。买面包的消费者，并不关心面包师是否有烤箱。消费者一般只关心消费品，以及消费品在多大程度上满足了他们的需求，而不关心生产过程中使用了什么资本或多少资本。

然而，虽然他的顾客并不关心，但面包师要关心。有了烤箱，面包师可以用更少的工作生产更多的面包。使用资本的效果是，每单位的投入有更多的产出，特别是劳动力，这意味着使用相同数量的资源可以满足更多的需求。对于面包师来说，这意味着可以

---

① 资本品（capital goods），也被翻译为"资本财"。——译者注

用更低的成本烤出更多的面包。资本的目的以及使用和创造资本的原因在于，它提高了我们的生产力。我们的投资，可以获得更高价值的产出。

生产力不仅是一个可以生产多少东西的问题，还是一个可以生产什么的问题。事实上，**经济**生产力不是对产出单位的技术衡量，而是对价值的衡量。资本使某些类型商品的生产成为可能，这是它一个经常被忽视但非常重要的作用。

我们再来看看这位面包师。想象一下，面包师没有烤箱，但可以将面团放置于架在明火的岩石板上来做面饼。面包师整天都在用这种方式做面饼。这样做仍然是值得的，因为面饼比那些原料本身更能满足消费者的需求。而且，有足够多的消费者喜欢面饼，而不是其他种类的不需要烤箱的简单面包。换句话说，做面饼就是对面包师的劳动、面粉、岩石和火的有效利用。

但是，烤箱可以使面包师能够制作新型面包，我们（更重要的是面包师）希望这种面包对消费者更有价值。假设一个简单的烤炉可以通过在火堆上摆放石块来完成制作。收集石块并以这种方式摆放——这种投资行为，可以增加面包师烘焙工作的价值。这些石头可以做成一个简单的烤炉，但面包师现在可以生产其他类型的面包，而消费者对这些面包的评价会比面

饼更高。

以这种特殊方式排列的石头，就构成了一种资本品：烤炉。通过花时间和精力在炉子上摆放石头，面包师创造了新的资本，这将有望增加消费者的价值。如果事情按计划进行，其结果将是价值增加了产出。

我们通常认为资本品很耐用。岩石的确如此，但这并不意味着烤炉也是这样的。事实上，它最终会因使用而磨损。为了使烤炉可以持续使用，我们必须对其进行重复或持续的投资，比如更换破损的石头。如果不这样做，随着时间的推移，这些资本的用处将会下降，最终会随着烤炉变得无用而失去其价值。我们说，在使用资本时，我们也在"消耗"资本。这适用于所有资本，但速度不同：一些资本持续时间更长、更耐用，并且需要的维护可能更少。

除了维护烤炉本身，像保持炉子运转和研磨面粉这些支持性投资也必不可少，以保持资本的可用性。

整个资本结构需要持续投资。事实上，除非生产面包所需的其他资本都正常运转，否则烤炉也是没有用的。所有资本品都会随着使用和时间的推移而老化。换句话说，资本的增加是为了提高生产力，但其本身在生产消费品时被耗尽。我们需要不断进行再投资，以保持资本的可用性和价值。

当然，用石头做的烤炉不如现代烤箱那么好用。但这可能是当时的面包师能做的最好的了。为了制造一个更持久、更好用的烤箱，面包师需要获得钢铁和先进的工具，而这些工具可能还不存在。即使面包师弄清楚了这种现代烤箱的工作原理，但是让他花时间和精力去弄清楚如何把岩石变成铁、把铁变成钢，然后用钢来制造烤箱，也可能是不值得的。毕竟他只是一位面包师，不过其他人可以做到这一点。而且，其他人的确做到了，因为如今我们确实有了现代化、高效的烤箱。

现代烤箱是数百年来投资于新的和改良的资本、改进的设计、更好的材料和更高效的生产技术的结果。我们认为，这一漫长而复杂的历史是理所当然的。但是，这种历史性的生产周期带来了现代电器的出现，现在我们在附近的商店里就可以买到。我们所能买到的一切都是如此：每一件商品都是从自然界中提炼出来的，创造它们的唯一目的就是满足消费者的需求。

所有这些创造材料、工具、机器等等的努力，都是对资本的投资，可以提高生产效率，让我们更有效地满足更多不同的需求。所有这些资本一起组成一个跨越整个经济的生产结构，使我们能够有效地创造许多不同的商品，满足消费者的需求。

我们把以不同方式组合在一起（比如烤炉用的石头和火），使社会能够生产出不同的商品和服务的那个资本量，称为经济的**资本结构**。这个结构以及它所包含的一切，都是**创造**出来的。通过增加或改善生产能力，新资本的生产被增加到这个结构中；维护性投资延长了现有资本的使用期限；撤资和再分配将资本转移到其他商品的生产，这将会重新调整和改变资本结构，从而改变经济的生产能力。这些导致资本结构不断变化的行动，是由企业家实施的。

◇ **企业家的角色**

企业家的职责是创造未来。他们通过创造新产品，或者改变和改进生产来实现这一目标。在这两种情况下，他们通过改变现有资本的使用，或创造新的资本来改变资本结构。两者的目的都是给消费者创造更多的价值。如果企业家成功了，他们就会获得利润。然而，**时间和风险**在这个过程中起着重要作用。

就像面包师用石头制作一个简单的烤炉，从而可以为消费者提供新型面包一样，企业家想象并"下注"他们可以更好地满足消费者。这意味着，他们通过投资来改变事物，通过提高价值生产率来创造更多价值。他们之所以生产商品，是因为他们相信这些商品将更好地服务消费者，因此需求量很大。当投资成功时，消费者以较低的成本获得更多的价值，其中一部分作为企业家的利润。投资失败，意味着消费者不认可企业家的投资，投资将失去部分价值，也可能完全失去价值。

企业家面临的主要问题是，生产活动的价值在完成之前是未知的。只有当生产出来的产品被售出时，企业家才知道投资是否值得，以及消费者是否想要这个产品。相比之下，早在产品完成和被用于销售之前，成本就已经知道并且发生了。请注意，这些成本不仅仅是制造产出的投入，比如制作面包需要用到的面粉、酵母、水等，还包括所需的资本品，比如烤箱、面包店等。即使在企业家接受订单，并在实际的生产开始之前就已经得到一笔支付的情况下，作为尚未生产的商品的一部分，一些成本也已经产生了。这些成本包括建立企业、使用资本的实验、弄明白如何制作烤箱、开发生产配方或蓝图等。企业家必须进行投资才能生产商品，然后才能出售。

这个问题通常被称为"承担不确定性"（uncertainty bearing）。企业家精神是一种承担不确定性的经济功能，这种不确定性源于企业家要创造未来商品：企业家在不知道这种商品是创造价值、有利可图，还是会带来损失的情况下进行生产。正是有潜在的利润，企业家才有理由进行生产并承担创业投资的不确定性。正是这种可能造成的损失让企业家的努力有所克制，并迫使他们对消费者的需求做出反应。企业家必须做出反应，因为消费者在选择购买和使用商品上享有全部权力，这意味着只有消费者才能决定商品的价值。

因为任何商品的价值在使用之前都是**未知**的，所以企业家会根据他们所想象的消费者的价值来投资生产。面包师之所以制造烤箱，是因为他认为新型的面包可以更好地服务消费者。更高的期望值给了开发和制造烤箱的理由。通过这一努力，面包师就对经济活动中什么可以生产和什么能够生产做出了改变。事实上，企业家的行动通过改进和调整经济的资本结构来指引整个生产。在建立生产能力，以及确定能够生产和将要生产什么商品的过程中，企业家精神**驱动**着市场进程。所有生产和提供给我们的商品，无论最终是否成功和盈利，都是企业家创业和承担不确定性的结果。

然而，尽管这是企业家努力的结果，但个别企业家并不是为了整体效率或社会利益而调整资本结构的。企业家为了追求利润而投资于特定的生产能力。但是，要弄清楚消费者认为什么有价值是非常困难的，这意味着创业充满了失败。事实上，在市场上，企业家的任务更加困难，仅生产有价值的东西是不够的，他们还必须你追我赶，在价值创造上超越对方。企业家竞相以最好的方式为消费者服务。

◇　企业家会犯错

未来很难预测，但这正是企业家试图做的：他们投资于创造未来，希望消费者会发现其价值。他们这样做的同时，也在与其他企业家的愿景进行竞争。因此，失败率极高也就不足为奇了。

这似乎有些低效或浪费，但事实并非如此。**如果消费者喜欢什么是已知的**，因为有了对未来的了解，生产就很容易精简并提高效率。然而，企业家精神解决的是另一个问题。价值存在于消费者的头脑里，不可能事先就知道，只有当消费者使用某一商品来满足需求时才能被消费者感受到。

很多时候，消费者并不知道如何最好地满足他们的需求。相反，企业家根据自己的智识、经验和理解，想象一种他们认为可以服务消费者的商品。为了提供比在售的商品更高的价值，从而有机会获利，企业家必须走在消费者前面，并向他们提供一个他们可能从未考虑过的解决方案。正如亨利·福特（Henry Ford）所说："如果我问人们想要什么，他们会说要更快的马。"[①]的确，大多数人可能认为他们只想要更快的马，但福特认为没有马的车对消费者来说更有价值，并且他能够以消费者愿意购买的价格提供汽车。

事实上，无论消费者是否能说出他们想要什么商品，他们总是在提供给他们的商品中进行选择。这就

①　这句话经常被重复，它特别强调了企业家精神和生产的重要性，但福特是否真的这样说过值得怀疑。

是消费者在行使其主权：企业家不能强迫消费者购买任何东西，他们只能生产消费者认为有价值并因此选择的商品。

消费者的计算很简单，但对企业家来说很难预料和满足。

第一，商品必须通过满足消费者的某些需求来提供价值。如果企业家提供的东西对消费者没有价值，它就不是商品。

第二，该商品必须作为比其他商品更好、更有价值的手段，来满足同一需求。如果不是这样的，该商品在满足需求上就是无效的，价值也较低。因此，企业家必须以较低的价格提供商品，使消费者认为这是值得的。

第三，商品的价值必须超过那些用以满足其他需求的商品的价值。[①]企业家为了赢得消费者的钱而竞争。

第四，商品必须有足够的价值，能够让消费者现在就购买，而不是选择手握着钱，并在将来购买其他东西。

企业家必须根据**所有**这些层次的消费者评价来提供价值。

毋庸置疑，企业家的尝试极其困难。他们之所以这样做，是因为他们相信自己最终会以某种方式获

---

① 　也就是要让消费者觉得物超所值。——译者注

利。无论他们是否做到，他们创造价值的努力都为其他企业家和整个经济提供了重要服务（我们将在第 7 课讨论经济计算）。当他们基于自己的知识和想象进行竞争时，他们希望能最好地服务消费者，他们为整个经济创造了知识。企业家通过盈利确认了消费者价值的发现，这也指导新的企业家去努力。与此类似，亏损也会给其他企业家提供这样的参考，即他们应该尝试不同的东西。因此，每一项创业尝试都可以利用以前企业家的知识和经验。这使得有价值的企业家生产得以累积：成功的经验得以增加，并成为未来生产的垫脚石，而错误的经验被剔除。

然而，贬低失败的企业家是不对的。虽然他们失败了，并遭受损失，但他们为经济提供了非常宝贵的服务，让市场知道哪些不可行。这对所有其他企业家来说，都是有价值的信息。当企业家失败时，他们所投资的资源——资本，就会被其他企业家利用，然后他们就可以增加自己的生产或尝试新的东西。

总之，**企业家通过创造我们的未来来服务消费者**。他们通过尝试新的、想象中的商品，并根据其预期价值，给工人支付工资并拓展新的资本来实现这一目标。当企业家的选择出错时，他们个人会承担这些投资损失。这种损失是他们在生产中的投资总额：支付给员工的工资和支付给资本供应商的代价。

第 6 课

价值、货币和价格

到目前为止，我们对经济的讨论完全是从**价值**的角度进行的。价值是我们行动的最终目标，也是我们行动的动力。它是个人的、主观的，这意味着它来自对需求的满足。如果我们饿了，我们就会去吃东西；如果我们感到孤独，我们可能会去拜访朋友。

价值消除或满足某些不适（饥饿或孤独），从而让我们过得更好。我们可以比较这种满足感。比如，相比苹果，我们更喜欢橙子；但相比苹果和橙子，我们更喜欢梨。根据个人的满足感，我们进行简单的价值比较是没有问题的。如果我们既饿又渴，那么我们可以通过考虑自己所感知到的每种不适的迫切程度，迅速决定先消除哪种不适。尽管我们可以比较并确定哪种满足感更强烈，但是价值并没有单位。

◇　**价值衡量问题**

我们无法衡量通过某种行动消除不安的程度。满足感带来的是一种我们体验到的感觉，它没有单位或精确的度量。我们不能说，我们喜欢橙子是苹果的 2.5 倍，喜欢梨子是橙子的 1.3 倍。

我们无法比较不同人的主观价值，因为他们体验的满足感是个人的。说亚当喜欢梨比贝丝喜欢梨多 20% 是无稽之谈。也许亚当说他非常喜欢梨，而贝丝根本不喜欢梨。如果这是他们的真实感受，那么贝丝可能会把她的梨送给亚当。但这仍然不是在衡量他们各自对梨的评价，也不是用某种普遍的满足感单位进行比较。贝丝认为把梨送给亚当很重要，也许是因为她深爱着亚当，而且知道亚当喜欢梨。但这并没有告诉我们，贝丝或亚当有多么看重保留或赠送梨这件事。

缺乏衡量标准使得价值在社会环境中出现问题，特别是在具有长期、专业化生产过程的发达经济体中（我们将在第7课讨论）。我们如何节约稀缺资源，从而获得尽可能多的价值？

为了说明这个问题，设想一个有150人的小社会，那里有足够的水供45个人解渴，有足够的食物满足其中30个人。你该如何确定哪些人是"最渴"的，哪些人是"最饿"的？①

---

① 为了正式和准确，我们应该问谁会从饮水或进食中获得最大的满足感（分别消除了口渴和饥饿的不适）。

　　这个社会可以决定使用水和食物来投资生产，这样可以让他们创造更多的价值。如果给十个人提供足够的水和食物，让他们维持三天的生活，他们就可以获取更多的水和食物，并将其带回给其他人。那么，这个社会应该实施这个投资吗？他们应该派十人一队，还是五人两队从不同的方向去寻找？他们应该选择谁来收集新获得的水和食物？在剩下的人里边，谁应该得到剩余的水和食物？这些比较需要有对价值的某种衡量，但因为价值是一种个人体验，所以无法衡量。这个经济问题无法解决。

　　市场通过货币和价格来解决这一难题，两者提供了客观的社会相对价值（下文会详细介绍），因此不同价值的商品可以进行比较和经济计算。如果梨的成本是橙子的 1.3 倍，那么我们可以轻松地决定如何购买以便获得尽可能多的满足：买梨，或者买橙子，抑或两者都买。我们可以单独进行这种比较，也可以合作完成。正如我们将看到的，对于一个经济体来说，货币和价格不可或缺。没有它们，我们的经济就无法运作。

◇　**货币的使用**

我们往往认为货币和价格都是理所当然的。它们如此普遍，以至大多数人认为货币是价值衡量的尺度。他们甚至认为价值本身就是用货币来衡量的。这是错的。

货币是被广泛使用的交换媒介，正因为这一功能，货币才对我们有价值。我们像评价其他商品一样来评价货币，因为它能为我们做些什么。但为我们提供价值的不是纸币和硬币本身，而是我们预期可以用它们来购买我们想要的东西。这意味着，货币之所以有效，是因为我们认识到它的作用并在交换中接受它。货币之所以具有**购买力**，正是因为我们相信货币可以购买商品。因此，货币才有价值。如果我们认为不能用货币购买商品——也许我们认为别人不接受它，那么我们也不会接受它。

这意味着，货币之所以成为货币，是因为人们认为它是货币。从这个意义上讲，货币在很大程度上是一个自我强化的社会制度。我们都有使用货币的经验，因此对什么会成为货币有些看法。但这并不能解释货币是什么，以及它为什么会成为货币或者如何成为货币。

考虑一下，什么会让你接受某样东西作为货币。或者，说到真正的问题：是什么让一个不使用货币的社会，接受某些东西作为货币。因为货币的价值在于别人在交换中会接受它，所以任何希望成为货币的东西一开始并没有作为货币的价值。只有当一个东西被广泛地用于交换之后，它才会被认为是货币，但在此之前不会。

这导致许多人断言，货币必定是自上而下通过法令，在交换中强制使用的。这个想法认为，一些国家元首发明了货币的概念，并用它来促进贸易（或者用来纳税）。但这种"解释"忽略了一点：除非某样东西已经成为货币，否则人们不会在交换中自愿接受它。因此，在被认为是货币之前，它没有或者几乎没有价值。

法令并不能创造货币，只创造一种义务，而这种义务又受限于其执行范围。然而，我们完全可以想象，政府可以一点一点地接管和垄断一个已经存在的货币，正如我们已经看到的情况。如今大多数通货是政府垄断的货币，但这并不是货币发明的方式，也不是其被接受为交换媒介的方式，这只是一个结果。货币的**经济功能**不能被简单地、自上而下地创造出来。

人们为了自己的利益而选择交换商品，这意味着自愿交换必须是双方互惠互利。双方都期望会变得更好，否则他们就不会交换。让接受对他们没有直接价值的东西成为义务，比如强制接受尚未成为货币的通货，将会降低人们的交易意愿。毕竟，如果你被迫接受石头用来"支付"你的财物，那么你可能会拒绝把它们拿出来出售。即使我给你一吨石头，你也不会用它们来交换房子或汽车。为什么要用你不想要的东西来交换有价值的商品？所以，即使你被要求用石头来纳税，你也会把你的石头交易限制在满足这一义务的

范围内，而不会更多。用石头交换商品的市场将非常有限。

只有在支付的是实际货币的情况下，这种交换才会自愿发生。在一个没有货币的社会里，人们不仅对货币的购买力缺乏信任，而且也无法理解这个概念本身。想象一下你用美元或金币去换取石器时代的斧头或食物。

◇ **货币的出现**

货币是一个经济概念。钞票本身并不是货币，但货币可以以钞票的形式存在。然而，这些钞票之所以成为货币，只是因为它们作为货币被接受。当我们去其他国家旅行时，这一点就很明显了，因为一个国家的货币在另一个国家可能不被接受。你不能在奥地利或美国使用瑞典克朗支付，尽管每个瑞典人都把瑞典克朗作为货币。

对于货币的历史起源，我们知之甚少，但这个概念是清晰的。经济学家卡尔·门格尔[1]展示了物物交换的经济如何转变为货币经济。[2]在门格尔的解释中，不需要中央计划者或法令——货币是演化产生的。这一点很重要，因为它提供了对货币作为一个经济概念的含义和作用的洞察。

在物物交换的经济中，人们通过物物交换进行交易。这种经济有明显的局限性，因为每次交换都需要双方以他们想要的数量获得想要的东西，而没有使用任何我们称之为货币的东西。换句话说，一个出售鸡蛋并想购买黄油的人，需要找到一个正在出售黄油并

---

[1] 卡尔·门格尔（Carl Menger，1840年2月23日至1921年2月26日），奥地利学派经济学创始人，现代边际效用理论的创始者之一，代表作有《国民经济学原理》等。——译者注

[2] Carl Menger, "On the Origin of Money," trans. Caroline A. Foley, Economic Journal2, no.6(June1892):239–255.

希望通过交换得到鸡蛋的人。这就大大限制了潜在贸易伙伴的数量。

由于商品耐用性和尺寸的不同，物物交换的经济无法发展成为一个建立在分工之上的生产性经济。想象一个造船商，他想出售新设计的快艇。即使他想要鸡蛋，他也很难接受成千上万个鸡蛋作为交换，鸡蛋在短期内就会变质。因此，他需要找到一个人，这个人有他想要的货物，并愿意通过出售货物来获得他的船。双方还需要在价格上达成一致：这艘船值多少个鸡蛋？

人们通过交换商品获得更好的生活，也就是说，**通过交易获得价值**。门格尔指出，人们会寻求各种方法来突破物物交换的限制。如果奶农不愿意接受我用鸡蛋来换取黄油，但我知道他会接受面包，那么我可以找面包师把鸡蛋换成面包。如果面包师同意，我就可以再用面包来换黄油。换句话说，我用鸡蛋换面包不是因为我想要面包，而是因为我想用面包换黄油。我的第一次交换促进了第二次交换，我直接从中受益。

例如，我想要浆果。如果提供浆果的人不想要我的鸡蛋，但愿意接受其他东西，我就必须经过同样的程序。我会把我的鸡蛋卖掉并换成别的东西，以便换取浆果。在某些情况下，我们也可以用鸡蛋来换取物品，但鸡蛋并不总是好用。我们假设他们中的一些人接受同质的不同物品来换取面包。知道这一点后，我就可以用鸡蛋换面包，只是因为我相信我下一次去杂货店时，面包会更有用[①]。用门格尔的话说，我卖掉鸡蛋是为了获得一种**更适销**（more saleable）的商品，唯一目的是用它来交换；对我来说，它只是起到了促进实际交换的间接作用。因此，即使我不喜欢面包，甚至对面包过敏，面包对我来说也是有用的。

[①]　即更方便地交换其他商品。——译者注

当人们用他们的产品换取更适销的商品时，更适销的商品就会变得更加抢手，**因为它们可以用来购买许多商品**。随着越来越多的人意识到这些商品对促进交换有作用，更多的人会出售自己的商品（我的鸡蛋、奶农的黄油等）来换取那些更适销的商品。最终，人们通过他们的行动而不是他们的设计，使一种或几种商品成为常用的交换媒介——货币。它们的价值主要是作为交换媒介，而不是作为商品本身。

◇　货币的重要性

在货币经济中，我们用货币来支付商品，可以很容易地比较价格，因为它们都使用统一货币单位来表示。但是，正如我们在前几课所看到的，价格实际上是交换比率。货币作为一种交易媒介，使我们摆脱了物物交换的限制，促进了贸易。

货币的存在，使人们从商品买卖商品的方式中摆脱出来。货币使商品的交换价值具有普遍的购买力。换句话说，我可以把我的商品或服务卖给一个人，但用换来的购买力（货币）从其他人那里购买商品或服务。这似乎很明显，因为我们已经习以为常。然而，其影响是巨大的。

在物物交换的交易中，只有当雇主能够提供雇员所接受的特定商品作为报酬时，就业才有可能。想象一下，你的雇主不用货币来支付劳动，而是用特定的商品来支付，比如衣服、卫生用品、图书、旅游、家具等。我们不难看出，找到一个能提供最理想的商品组合的雇主几乎是不可能的。这很可能意味着，你需要接受一个远非完美的商品组合来获得就业。如果你收到的是这些商品的交换价值，也就是其购买力（货币），并用它来购买你喜欢的商品，情况就会好很多。

因此，货币不仅仅便利，对于交易的发生和我们在现代经济中认为理所当然的先进的、专业化的生产过程来说也是必需的。大规模生产、供应链和专业化之所以成为可能，是因为货币的出现，使我们不需要在匹配买家与卖家上花功夫。①由于不需要做这样的匹配工作，我们也可以专注于我们擅长的领域，而不是只生产自己想要消费的东西。因此，我们可以把我们的生产努力集中在我们创造最大差异的地方——也是我们为社会创造最大价值的方面。如果没有货币，我们的生产效率就不会这么高。

解除这种匹配，还意味着我们可以使用我们获得的购买力——我们通过生产所获得的报酬——来购买我们认为最有价值的东西。货币使我们有可能追求在物物交换的方式下永远无法实现的愿望。拥有和使用货币，不仅意味着生产的极大改善，也意味着我们可

①　这里的意思是，我们不必像物物交换的交易那样，同时成为买方和卖方，不必满足需求的双重耦合。——译者注

以追求更有价值的消费。前者促进并增加了后者的机会。我们生产的价值越多，作为回报，我们得到的购买力就越大。

因为在货币经济中，所有的参与者都可以追求他们评价最高的商品，并且可以生产那些别人评价很高的商品，所以总体上创造出了更多价值。我们在货币经济中比在物物交换的经济中要好得多。

◇ **货币价格**

货币使价格易于比较。价格不再用比率来表示，即每种商品都按照所有其他商品来"定价"，而是用货币来表示。

在一个物物交换的经济中，我用鸡蛋买面包以购买黄油，需要三方建立交换比率。我也许可以用一打（12个）鸡蛋从面包师那里换取三片面包。在这个

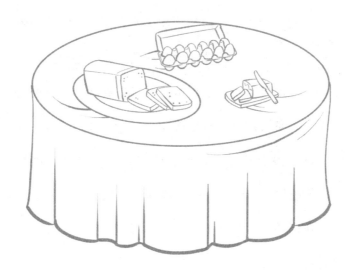

交易中，一片面包的价格是四个鸡蛋，而一个鸡蛋的价格是四分之一片面包。然后，我可以用两片面包来购买一磅黄油，这样一来，黄油的价格是每磅两片面包，而面包的价格是每片半磅黄油。

我参与了这两项交易，可以推断出一磅黄油的"价格"是八个鸡蛋。这是一种简化，因为奶农并不接受鸡蛋。问题是，这里所有商品的价格都表示为所有其他商品的比率。例如，如果奶农接受八杯浆果换一磅黄油，那么一磅黄油的价格将是两片面包或者八杯浆果。这种比率（实物价格）可以在任何可能的交换中，为所有商品组合所确定。但我们如何比较它们呢？这里没有公分母，这些价格都是独特的交换比率，很难保持一致，也很难理解。

我们假设在上面的例子中，面包作为货币出现。这意味着，作为交换媒介的面包，事实上会成为每一笔交易中的一方。换句话说，所有商品的价格都可以用面包来表示，因为它们是用面包来交易的。因此，我会卖鸡蛋换面包，然后用面包来购买黄油和浆果。由于面包是公分母，我可以很容易地比较价格，并购买最能满足我需求的商品。现在，因为面包是货币，所有商品的卖家都可能接受用它来支付，因为他们想要的是购买力，而不是面包本身。

如果一磅黄油需要两片面包，一片面包买两杯浆果，我就很容易比较价格。我卖一打鸡蛋得到的三片面包，可以买到一磅半黄油、六杯浆果或者其他组合。我现在需要做的是，确定我更看重哪种选择。我可以很容易地计算出如何获得每片面包的最大价值。

在这种货币经济中，所有商品都以面包来定价，而面包又是以所有商品来定价的。由于面包是交换媒介，我们可以说，（一片）面包的购买力是半磅黄油、两杯浆果或四个鸡蛋等。因此，社会上每个人都更容易确定某些东西是否"值得"。

换一种说法，一片面包购买两杯浆果的机会成本是这一片面包可以购买的任何其他东西的价值，比如半磅黄油、四个鸡蛋等。很明显，我们会选择购买任何期望能给我们带来最大满足感的可用商品。由于每个人都在追求价值，而且由于货币的存在，我们可以适当地比较价格，所以我们的行动对已经生产的商品产生了隐性竞价。我们以一定价格购买商品的意愿和能力构成了我们的**需求**。

价高者得，不出价则不得。那些出价较低的人将在稍后得到商品，直到卖家不再认为提供的面包还值购买者所出的那个价格。看重一件商品的人越多，其市场价格就越高。而出售的商品越多，其市场价格就越低。

同样，因为我们不再需要为匹配买卖付出努力，我们可以生产那些给我们带来最多货币回报的东西。我们现在可以把劳动用在有更多技能和专业知识的地方，以及我们可以获得最高货币报酬的地方。这意味着，为了使自己受益（获得更多的回报），我们选择以消费者最看重的方式对经济做出贡献。在市场环境中，我们提供服务所获得的购买力，往往与我们对市场贡献的以货币价格表示的价值成正比。

因此，自由市场为那些在生产中贡献最大价值的人提供了最大的购买力，这意味着他们反过来也有更

大的能力通过购买自己喜欢的商品和服务来满足自己
的需求。购买力，也就是消费力——人们能够通过商
品满足自己需求的程度，是一个人（作为生产者）对
经济贡献的反映。简单地说，我们的供给能力构成了
我们的需求能力。[①]

◇　法定货币与价格通胀

上述讨论解释了商品货币的**经济概念**。从历史上
看，不同东西在不同社会中都充当过货币，比如石

[①]　即萨伊定律（Say's Law）所说的"供给创造需求"，其核心
有三点：（1）产品生产本身能创造自己的需求；（2）由于
市场的自我调节作用，不可能产生遍及国民经济所有部门的
普遍性生产过剩，而只能在国民经济的个别部门出现供求失
衡的现象，而且即使这样也是暂时的；（3）货币仅仅是流
通的媒介，商品的买和卖不会脱节。根据萨伊定律，在一个
完全自由的市场经济中，由于供给会创造自己的需求，因而
社会的总需求始终等于总供给。——译者注

头、贝壳、牛等。在欧洲和其他地方，黄金和白银成为普遍的国际货币。

我们今天使用的纸币，是由贵金属硬币和银行业演变而来的。其过程如下：银行出售金库中的空间来安全地保管人们的货币；货币具有可替换性，这意味着人们取回的是不是当初存入银行的金币或银币并不重要，所以银行可以把所有客户的硬币放在同一个金库中，并根据每个客户的存款数量开具存单；由于这些存单可以兑换成硬币，所以人们可以直接使用它们进行交易，而不必先带去银行；那些最后拿到存单的人可以将其存入银行，于是这家银行就对存单的开具银行拥有了一项索取权；每隔一段时间，银行通过运送所欠的黄金和白银的净额来清偿所有索取权，从而为每个人省去了很多麻烦。

这种做法有一个缺点：它会刺激银行发行比金库中的货币更多的存单。因为存单不会在同一时间被赎回，而且货币具有可替换性，这种做法会为银行提供不劳而获的购买力。

　　在一个自由银行体系中，这种滥用可以被控制在一个较低的水平。只要这种做法不被发现，并且银行能够维持其信誉，银行就可以发行这些额外的"现

金"存单。但是，一旦这些存单的持有者不能确定银行的金库中是否有足够的钱，也就是银行是否会破产，他们就会采取行动赎回他们的存单。历史上，很多银行失去信誉，客户蜂拥而至，提取资金，导致银行挤兑。如果银行发行的存单超过了其可供赎回的资金，挤兑就会使银行破产。

银行因超发纸币而导致的破产，也可以在银行的索取权清算中被发现。清算所^①确定银行的余额，并计算出哪些钱应该从一家银行运到另一家银行以平衡账户。一家银行如果发行了太多的纸币，将会在交易清算过程中被发现，因为其他银行持有来自该银行的存单，并要求它把真正的钱运过来，但那家银行并没有这些真正的钱。所以，纸质存单的超发，可以被客

---

① 在美国内战之前，在缺乏中央银行的情况下，诸如清算所之类的结构在纽约等大城市产生。这些机构由许多银行共同发起设立，将单个成员的资源集合起来，当有需要时为状况良好的成员银行提供存款担保和现金借贷。——译者注

户和竞争银行发现。银行被抓住的风险很大，抓住就意味着破产。

在现代，大多数货币是由政府的中央银行发行的国家垄断货币，没有任何支撑，就像我们前面例子中超发的存单一样。这种情况之所以出现，一部分原因是政府试图解决银行挤兑的问题，另一部分原因则是政府试图利用货币发行的权力。作为货币的垄断发行者，政府或中央银行可以不费吹灰之力就为自己提供购买力。

然而，正如我们在前文所看到的，货币的购买力表现在货币和商品的关系上。当新的货币被用于购买市场上的商品时，由于流通中的货币增多，价格就会被抬到高于原来的水平。当这种情况发生，也就是新的货币进入市场时，我们就会看到价格普遍上涨，但上涨幅度并不一致。这就是价格通胀。

法定货币，也就是由政府合法垄断而创造的货币，往往具有通胀性。对于政府来说，通过印刷厂为自己提供购买力比向人们征税更容易。然而，其结果是货币购买力的下降，使得人们变得更加贫穷，并扭曲了资本结构（正如我们在第3课所看到的）。我们将在下一课看到，这种货币导致的扭曲会对经济造成严重破坏，并最终导致繁荣 – 萧条的循环（在第8课讨论）。

第 7 课

经济计算

　　正如我们在上一课讨论的，货币使许多交换成为可能，而在物物交换的贸易中，这些交换是不切实际的或不可能发生的。我们因货币的使用而变得更好。但是，货币具有更大的影响，而这些影响往往被忽视或误解。其中最主要的是经济计算，这是一个决定如何利用稀缺资源来产生最有价值的结果的过程。经济计算是所有经济的核心。

　　给定投入和产出，我们可以利用技术知识最大化生产过程的结果，并拒绝不适合该类型生产的投入。但是，使用哪种投入、使用哪种生产工艺、哪种生产技术产生更好（更高价值）的结果，以及应该追求哪种结果，从根本上说是经济决策。

例如，技术知识可以告诉我们，黄金太软，不能用来做铁轨，但技术知识不能告诉我们哪种更硬的金属是最好的、最有价值的：铁、钢，还是铂金？答案是需要知道这些金属还可以用来做什么，这些用途的价值如何，以及每种金属有多少可用。技术知识也不能告诉我们，何时、如何或者是否需要修建铁路。铁路应该建在哪里，到底该不该建，还是该把资源用于建设其他类型的基础设施，或者完全用于其他方面？这些都是经济问题，它们是基于我们对结果的相对价值的计算。

一种在技术上远非完美的金属实际上可能是最佳选择，即使它意味着要不时地铺设新铁轨。技术层面的最佳解决方案，几乎不会给我们提供有关这种投入能不能产生有价值的产出方面的信息。没有经济计算，一个经济体就无法对稀缺的资源进行有效的使用。

　　货币作为一个通用单位，有助于经济计算，这是市场经济中的一个基本机制。换句话说，它使货币计算成为可能。

◇　**生产性经济的本质**

　　经济学家早就知道，生产力与专业化密切相关。我们在第 5 课看到，资本可以通过提高劳动生产率来提高生产力。如果我们使用合适的工具和机器，我们的劳动成果会更多。市场交换也会使劳动更具生产力，因为人们可以专注于生产创造最有价值的东西，而不管他们自己是否重视或使用这些东西。市场允许人们发展自己独特的能力，并利用规模经济的优势，即平均成本随着生产量的增加而下降，来增加他们总价值的产出，而不是自给自足，生产日常生活所需的一切。

专业化，或者说把我们的时间和精力集中在一系列比较窄的生产活动上，有两个主要影响。

第一，当我们做到专业化时，我们变得更擅长从事特定的生产活动。亚当·斯密指出，专业化使我们的效率和生产力提高了很多倍，因为：（1）不会浪费时间从一项任务转换到另一项任务；（2）可以改进和提高娴熟程度和工作技巧；（3）可以更容易确定如何使用简单的机器或开发新的工具，从而变得更加高效。

亚当·斯密以一个大头针工厂为例来说明这种"分工"。在这个工厂里，生产一个大头针需要18道不同的工序。在亚当·斯密的例子中，"一个人……

也许用他的最大努力，一天内也不可能制造出一个大头针，当然也不可能造出 20 个"。但是，如果有 10 个工人专门从事某些操作，他们"可以在一天内制造出 48000 多个大头针"。这是一个巨大的差异，专业化使劳动力的产出至少提高了 2400 倍。

区别并不在于工具或操作——这在两种情况下都是一样的，而在于更好地组织生产过程。或者说，专业化使工人的生产力大大提高。

第二，当我们做到专业化时，我们就会依赖其他人在生产过程中完成他们的部分，他们也会依赖我们。这个生产过程中的连续分工产生了相互依赖性：在亚当·斯密的例子中，10 个工人可以一起生产大量的大头针，但前提是他们都完成了任务。如果一个生产线中间的工人没有上班，生产过程就会出现缺口。前期参与作业的工人，在缺岗的工人任务开始时，都还能够完成他们的任务，但如果需要缺岗工人的工作作为输入，后面的工人就无法进行作业，因此无法生产出大头针。要使这个过程能够生产大头针，所有任务都必须完成。简单地说，10 个专业化的工人相互关联，一同进退。无论什么原因，如果这个链条断了，那么他们都将从能够生产 48000 多个大头针恢复到仅有 200 个（这是亚当·斯密例子中 10 个非专业工人能够生产的最大数量）。

　　这种相互依赖是有风险的，听起来好像不太好，但事实并非如此。这些工人中的每个人都从完成这一

过程中得到一份利益，否则就没有大头针可卖，也就没有工作（如果非专业化的工人每个人只能生产不超过 20 个大头针，他们就只能维持一个较低的生活水平）。因此，由于他们的专业化生产是相互依赖的，工人们在完成生产过程中有着共同的利益。

亚当·斯密的观点具有一般性，而不仅仅局限于工厂生产。资本结构本身就是专业化的结果：一种促进、加强和提高分工的资源分工。

当面包师制造烤箱时（见第 5 课），他不仅提高了自己作为面包师的生产力，而且开发了制作烤箱的知识和技能。如果其他面包师有兴趣使用他的创新，他就可以专门从事烤箱制作而不是烘焙。他可以给其他面包师供货，这些面包师可以专门生产用烤箱烤制的面包。面包师的角色从烘焙面包转变为供应烤箱，他们的生计现在取决于生产并销售烤箱所需资源的可获得性。这是一个创造更多价值，并提高面包师和其他人生活水平的机会。

这个面包师的简单例子表明，通过创新和由此产生的劳动与资本的密集分工，一个较长的生产过程是如何被采用的，因为它能产生更多的价值。这比使用稀缺资源更有成效，尤其是劳动力更具生产力。现代经济有极长的生产过程，专业化程度很高，如果没有经济的其他部分，大多数人无法生存。想想日常生活中所依赖和使用的一切，我们并没有自己生产，而且可能也无法生产。我们依赖许多在生产中发挥作用的陌生人。

另一方面，如果没有专业化，经济就不可能维持当今世界许多人的生活。而经济所能维持的较少人口，不会为我们在获得商品的便利和数量上提供帮助。我们的现代繁荣是资本和分工的结果，通过创新和市场竞争不断得到加强和改善。

市场通过影响并行的生产过程——增加冗余性，

来减少生产和供应链中相互依赖的风险和潜在的不利因素。当一个新的专业化生产工艺获得利润时，渴望分享利润的企业家很快就会效仿。换句话说，如果烤箱制造商从他的烤箱中赚取了高额利润，其他人也会尝试这样做。他们将开发类似的生产结构，以占据一部分市场。

有了这种模仿竞争，生产无法完成的风险就大大降低。想象一下，烤箱制造商雇用几个工人，通过专门的生产工艺来制造烤箱。整个任务的成功，取决于所有工人各司其职。但当其他人模仿这个工艺来获取烤箱行业的部分利润时，他们就可以使用并完成另一个企业家无法完成的半成品烤箱。因此，与集中式生产流程相比，市场中因相互依赖而导致的失败没什么大不了的。

增加冗余是否会降低效率？为什么要由许多生产商生产相同的产品，而不是由一家工厂进行大规模生产？这忽略了一个事实，即市场是一个过程（下文将详细介绍），一个工厂不足以建立所有高度专业化的过程。这有两个主要原因。一是不完整性。那些高度专业化和独特的过程有很高的风险，因为每一项专门的任务都决定着整个过程的成功或失败。利用单一厂家生产，规模经济所带来的优势并不明显，因为在缺乏冗余的情况下，有可能导致整个过程的失败。二是改进。生产的创新一开始并不完美，但会通过竞争变得更好，因为新的企业家会发现如何改进功能。如果没有市场的冗余，我们将永远无法获得足够好的生产流程来建立规模经济。

第二点需要详细说明。当市场竞争将生产过程划分为越来越小、越来越专业化的任务和过程，就会产生许多改良和进步。企业家不断试图通过创新和寻找更好的生产方式来超越现有生产。他们用高度专业化的子流程来取代现有部分流程，预计这些子流程将更具生产力，并能提供竞争优势。企业家利润促使创新日益细分，并分散生产过程。过去是一个新生产的专业部分，现在变成了在市场上交易的标准化的资本品和服务。

思考一下这个例子。早期，企业家实施了新的想法来跟踪和管理生产，以及增加销量。这些想法扩展到会计和营销部门，这些部门的专业化使这些任务更高效。如今，会计和营销是独立的业务，因为企业家发现，专注于其中一项业务，并把这些服务作为独立实体出售给企业，效率更高。这样，生产者专注于生产，会计师专注于记账，而营销人员专注于营销。他们可以专注于自己的行业，改进各自的流程，并提高整体产出。同样的原因，农民不会自己制造拖拉机，不会自己研发种子，也不会自己生产化肥和农药。

生产的相互依存也带来了积极的社会结果。我们在前面的讨论中指出，我们的需求能力，即我们的购买力，来自为他人提供的价值。随着经济越来越专业化，我们个人的贡献越来越依赖于他人的生产贡献。反之亦然。这也意味着，在这样的市场环境中，我们必须为他人服务以服务自己，因为我们的需求能力取决于我们的供应价值。因此，我们和他人的互动、了解和理解越多，我们就越能生产他们看重的东西。这既适用于寻求为客户服务的自营企业家，也适用于大公司中为老板服务并领工资的员工。因此，市场中的生产是"共振"①的，你为他人提供价值的能力，最终决定了你的努力所能获得的回报。

这意味着市场过程不仅是关于生产的，而且是一个文明的进程：它需要并强化社会合作，以实现互利共赢。开放市场中的生产没有相互冲突，只有价值

---

① 英文是"empathic"，原意是有同理心的、共情的，这里作者想表达的意思是，你需要通过为他人创造价值来获得回报，所以可以说这是一种"共振"。——译者注

和通过"共振"生产对价值的追求。竞争实际上是合作：它不是指导或设计出来的，而是通过价格机制实现的。随之而来的是，我们将更好地理解和尊重他人的观点，因为这会让我们变得更好。

路德维希·冯·米塞斯说得很清楚：

> 社会是有意识、有目的的行为造成的。这不是说，人们曾经订立一些契约，而后根据这些契约建立了社会。曾经导致社会合作和天天重新导致社会合作的那些行动所追求的目标，只不过是借由彼此合作、互助，以达到一些各自已经确定的目的。这种协调的行动，所创作出来的众多相互关系、所形成的辅助关系网，我们称为社会。社会以协同合作，取代了可以想象的个人独自生活。社会是劳动的分工与联合。人，以其行动动物

的身份，成为社会动物。[1][2]

经济和社会是一枚硬币的两面。我们不可能把市场过程从社会和文明中分离出来。

◇ 驱动力

我们将市场经济视为一个过程，但尚未讨论是什么使其成为一个过程。

我们参与其中并观察到的市场，实际上是一系列生产过程，这些过程产生了我们可以购买的商品和服务。这些过程还创造了就业机会，使我们能够获得收入，我们可以用这些收入选择购买商品。

---

[1]　See Ludwig von Mises, *Human Action: A Treatise on Economics*, scholar's ed. (Auburn, AL: Ludwig von Mises Institute, 1998), p.143.

[2]　这里主要参考了谢宗林的翻译。——译者注

但市场过程不仅仅是目前正在进行的商品生产。谁来决定应该生产什么新产品？答案很简单，那就是企业家。他们认为，新的产品和新的生产过程会使消费者受益，从而为他们带来利润。但是企业家并不知道，他们生产和销售的产品是否会受到青睐，也不知道消费者愿意花多少钱来购买。所以，企业家需要进行投机，他们打赌，他们认为有价值的东西也会被消费者认可。正是这样，企业家推动了市场的进程。他们不断挑战现状，寻求创造更多价值。

企业家尝试创造新的价值，推动生产的长期演变。例如，1900 年，个人交通工具的生产还集中在提供马和马车。但到了 2000 年，就是制造汽车了。这种变化就是市场的过程：不断改变和调整生产的内容和方式。

企业家精神是市场过程的驱动力。从马车到汽车的巨大转变，是企业家的创新问题，是经济学家约瑟夫·熊彼特著名的"创造性破坏"的一部分。这一转变的创造性是汽车的出现，一种面向消费者的新型个人交通工具。具体而言，正是价格实惠、大规模量产的亨利·福特 T 型车的出现，使得许多消费者可以使用这种新型汽车。人们并没有取消马和马车，而是选择了汽车，因为汽车提供了更多价值。这就是"破坏"——马车运输市场崩溃了，因为消费者在其他地方得到了更大的价值。

换句话说，汽车为消费者提供的价值比他们之前喜欢的交通工具更大。因此，那些饲养、训练马匹以及制造马车的人不再有足够的价值。他们的企业和职业也很快被消费者更看重的企业和职业取代。

原来那些为马车运输业提供支持的企业和职业要么消失，要么必须去生产其他商品。所以，如今我们只有少量马厩，却有很多铁矿、钢铁厂和加油站来给汽车提供支持。

　　这种向新价值的转变在市场上不断发生。有时候，我们会意识到这种变化，因为它们迅速影响到了我们个人。但很多时候，我们并没有意识到这种变化。后者通常是生产过程在发生重大变化，但没有影响消费端的商品。例如，计算机彻底改变了生产过程和企业运作方式。尽管计算机可以使生产过程更高效或完全重构，但消费者往往不会注意到商店里商品的不同。不过，生产者可以察觉到，新的职业和专业开始出现了。这些创造价值的新工作带来了更高的工资和新的职业类型。1900 年是没有计算机专业人员的，但在 2000 年，这是一个普遍受人尊敬的职业，他们的生活水平要比 1900 年生产顶级马车最熟练的木匠高得多。

◇ 价值的生产

企业家与现有企业和其他企业家竞争，为消费者创造新的价值。企业家还有一个更重要的作用：在预测和押注新的价值创造时，企业家为经济计算提供了手段，决定了生产资料的货币价格。这从根本上说很重要，使经济运行成为可能。如果没有企业家提供的这一功能，就不可能实现资源的节约使用和发现新的、创新性的生产过程。

要理解这一点，我们需要考虑企业家在做什么。具体而言，我们必须考虑他们的行动作为一个整体意味着什么。正如经济中的许多事物一样，可观察的现象来自人们的行动，但不是由任何一个人创造的。相反，它们是从人们的行动产生的模式（秩序）。换句话说，如果我在路的一边开车，而不是在另一边开，

这不是什么大问题。其他司机也一样。但是，如果所
有司机都在道路右侧行驶，这就创造了一个（总的来
说）对所有人都有利的交通秩序：事故更少，通行更
快。这种秩序也会影响到个人的驾驶决策——和别人

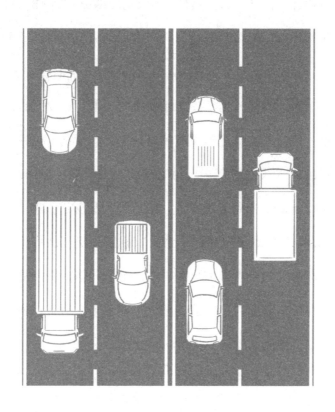

一样在同侧驾驶更合理，否则既不安全也非常低效。

类似地，企业家的工作很重要，甚至可能是颠覆性的，就像我们在福特 T 型车上看到的那样。但它破坏的是什么呢？是先前存在的市场秩序，即生产者和消费者的行动集合。这样，企业家的某种"个体"行动（各自在道路一侧驾驶所产生的结果），就在"整体"上创造了一种所有人都受益的秩序（靠右行驶）。

为了清楚起见，我来详细说明一下。企业家会设想一种尚未尝试过的新产品或新工艺。亨利·福特想到用流水线生产汽车，约翰内斯·古腾堡（Johannes Gutenberg）想到了印刷机，托马斯·爱迪生（Thomas Edison）想到了电灯泡。企业家相信，新产品将比现有产品为消费者带来更多价值。他们相信，新产品的潜在价值如此之高，消费者一定愿意为之付费。换句话说，他们期望从中获利。

企业家的利润计算是基于现有资源的成本：工人

工资、生产设施、材料、机器、电费等。这些成本很容易估算，因为这些资源在市场上可以买到，并且价格已经确定（这一点很重要，我们还会讨论这个问题）。对于难以获得的资源，企业家可以估计一个出价，和其他生产商竞争。制造一台新型机器的成本也可以估算出来，因为所需的一切都可以买到。实际上，所有成本都可以用货币价格来估算，所以企业家可以很容易地估算出生产新产品的成本。

但这值得吗？这个项目是否有足够的利润？为了弄清这一点，企业家必须估计新产品对消费者的价值。这个价值提供了一个粗略的概念，消费者会接受什么样的价格，以及这些价格下的销量如何。这种由价值得出的价格，是企业家决定如何、何时、何地进行生产的基础。[①]以货币价格表示的预期收入，构成

---

① 　这里的价格是企业家估算的价格，并不是最终成交价格。——译者注

了企业家愿意支付给工人、资本方的最大限度。从预期收入中减去成本，企业家可以了解产品的盈利能力及预期回报率。货币计算之所以成为可能，是因为成本和收益都是用货币来表示的，它们可以进行比较和计算，并得到一个结果，即使是部分基于猜测和估算，尽管是一个预测的结果。基于预期收益，企业家可以判断投资是否值得。货币计算可以在市场层面实现资源的节约利用。

这听起来很明显，但事实并非如此。很多人忽略了这样一个事实，正是企业家评价的最终结果在指导企业家，并让他们知道如何在企业经营中做出选择。企业家受利润驱动，当消费者认可产品价值时，企业家就可以获得利润。换句话说，产品值不值，企业家说了不算，但企业家可以选择如何控制成本。

考虑一下这个综合效果，所有企业家根据他们将为消费者提供价值的最佳评估，对成本做出选择。他们在相互竞争中，不断竞购资源，重新评估成本。就像前文提到的企业家一样，他们可能需要通过提高价格来激励工人，吸引原材料或提供服务的卖家。即便已经有了业务往来，他们仍然需要选择是否续签之前的合同，他们需要重新谈判、调整生产计划等。这些选择和决定都基于预期的价值产出：对于正在尝试新事物的企业家来说，这是他们对消费者判断其产品价值几何的最佳评估；对于继续生产现有商品的企业家来说，他们可能假设事情会像以前一样（或者不一样）。

那些希望创造更多价值的企业家，会以更高的价格来竞购投入品，并且会发现这样更容易使他们获得想要的投入品。而那些期望生产较低价值的企业家则无法购买昂贵的投入品，他们需要考虑其他可能稍微差一点的投入品。这意味着，最有用和最有价值的资源将以最高的价格出售，将被用于为消费者创造最大价值的地方。因此，企业家间接地将资源导向其"最佳"用途。

竞购过程不仅是将资源导向最有价值的地方的一种方式——尽管这非常重要，还决定了这些资源的市场价格。企业家可以在他们的利润计算中使用已经确定的价格。为了避免损失，企业家会远离那些太过昂贵的资源（这表明市场期待其他人来利用这些资源去创造更多价值）①，反而选择更能承担得起的、能够带来利润的资源。

因此，企业家之间的竞购引导着资源，并决定其价格，进而决定**哪些项目值得去做**。只有预期价值最高的项目才可能获得利润（因此将继续进行）。一个期望创造新价值的企业家，可以出价高于现有生产者。②这就是为什么大公司对企业家几乎没有影响力。

---

① 也就是资源可以留给愿意出更高价格的人。——译者注
② 如果预期价值足够高，没有自有资本的企业家应该能够获得外部资金支持。

重要的是预期的价值贡献，而不是组织的规模。

生产资料的市场定价是一个奇怪的过程，在这个过程中，企业家根据他们参与确定的价格做出决策，这使得市场能够合理地使用稀缺资源，即从未来价值产出的角度来看是经济的。这一过程的结果未必完美，因为生产决策，包括要承担的成本，总是在消费者的评价之前完成。任何生产的结果都是不确定的，最终取决于消费者的购买选择。记住，这是一个无法最大化的过程，因为结果不是也不可能是已知的，但结果可以被改进。

未来的不确定性，解释了为什么会有这么多企业家失败。由于未来未知，他们中的很多人会错误估计，可能高估了消费者对他们打算生产的产品的评价。然而，失败的企业家也做出了重要贡献，因为他们的失败既向其他企业家表明什么是不可行的，也让其他企业家可以获得他们的资源。

这个系统之所以有效，是因为它建立在私有财产的基础上，即企业家的个人得失。如果他们没有失去个人财产的风险，他们中的许多人在选择要承担的成本时就不会那么谨慎，结果价格就不会是一个合理的估值。如果企业家不能从其不确定的项目中获益，他们就没有理由去尝试，更没有理由去明智地选择成本。

总之，市场过程合理地分配稀缺资源，因为企业家冒着失去个人财产的风险，所以他们尽最大努力做出正确选择。如果他们失败了，他们就会被无情地淘汰，并且没有多少资本再试一次。那些成功的企业家，明智地选择了适合他们的成本，生产出消费者高度认可的商品，就会得到利润回报。这种企业家动力带来了一种"智力劳动分工"，最优秀和最聪明的人可以尝试他们的想法，并造福消费者。

◇　企业家精神与管理

正如我们所概述的那样，市场过程远远超出我们在任何时候所能观察到的。因为它是一个过程，任何特定时间存在的一切，都是之前的结果，并将受到以后的挑战。换句话说，如今存在的企业是市场淘汰的结果，他们"赢得"了企业家之间的资源竞购。如果消费者有不同的选择，或者企业家有其他想法，就会有其他企业生产其他商品。

类似地，一些目前寻求资金、创业或尝试生产流程的企业家，正在创造明天的企业。现有的生产者只有持续创造价值，并且比那些明天的企业创造更多的价值，才能继续经营下去。这就是为什么现有的企业，即便是非常大的企业，也不能高枕无忧，而是必须不断创新。只要没有其他人向消费者提供更多的价值，他们就能在市场上占有一席之地。

换句话说，如果我们分析经济，只关注现有企业，那将会错失大部分过程！我们将无法理解为什么这些企业（以及它们生产的商品）会存在，也无法理解有更好创意的企业家如何或者为什么会很快取代这些企业家。如果仅从我们目前能够观察到的现状，或最近发生的变化来看，我们可能很容易得出结论：经济是一个相当静态的系统，远远没有达到资源利用的最大化。我们也很容易认为其低效，并提出其他解决方案。但这将是一个巨大的错误。市场过程主要是关于如何为消费者创造新的价值的，而不是最大化当前的产出。

这是一个企业家行动的过程。现状只是这个过程的最新表现——昨天的赢家还没有被明天的赢家取代之前的状态。市场过程是不断变化的，其特点是不断更新和进步。

　　市场过程远远超出了简单的生产管理。我们应该希望企业拥有良好的管理，流水线生产，降低成本，并调整和改进产品。但是，管理是在企业家被证明正确之后，才在生产中发生的。正如米塞斯所说，经理

是企业家的"小伙伴"（junior partner）。[①]

　　简而言之，管理所解决的问题与企业家精神完全不同。企业家精神关乎如何使生产过程获得最大的产出（通常是利润）。将市场过程误解为单纯的生产管理是一个基本错误。

---

① 　这里的意思是，企业家的核心作用是，其雇用的经理人和管理者是无法替代的。——译者注

第三部分

干　预

第8课

货币干预

◇ 繁荣－萧条周期

经济的不断变化不是随机的，而是根据对价值创造的追求来调整生产设施的。价值是一个移动的目标，因为消费者的需求随着时间、创新和新的机遇而改变。这种不断的调整意味着市场最好被理解为一个过程。

这有两个基本趋势。

一是对现有生产进行调整，以使付出的努力和预期的消费者价值保持一致。如果没有这些调整，生产将越来越偏离消费者的需求。我们的生活水平也会因此下降。

二是企业家会尝试创新，他们认为这会给消费者创造新的价值。当这些创新成功时，它们就会打破并取代现有的生产。当生产以这种方式被革新时，经济就会增长，我们的生活水平也会提高。

整个过程取决于一个有效的价格体系，它为经济活动中的行动主体提供了合理应对变化所需的信息（我们在第7课了解了这一原理）。然而，如果价格被操控并提供了虚假信息，企业家就会根据这些错误信息做出决定。这会增加企业家项目失败的可能，也意味着企业家会把错误带到生产结构上。因此，经济会被扭曲。

◇　回报率和资本投资

对于任何投资而言，重要的是考虑收益率，而不是收益额。为什么？因为相对结果决定了投资的好坏。100 万美元的利润，对 10 亿美元的投资来说不算什么。但如果最初的投资是 10 万美元，100 万美元就是一个巨大的收益。以美元计算利润，两者相同，但后者的收益率是前者的 1 万倍。[①]

用收益率来衡量利润，可以更容易地比较不同项目。这意味着，企业家及其投资人可以比较不同的备选方案。例如，一家新的航空公司需要大量资本用来

①　利润同为 100 万美元，如果投资是 10 亿美元，收益率为 0.1%，但如果投资是 10 万美元，收益率则为 1000%。因此，如果这 10 亿美元投资于较小的项目上，并获得 1000% 的回报率，将产生 100 亿美元的总利润。这是另一种投资方法的 1 万倍。

投资购买飞机、雇用机组人员，可以使用机场，而一家新的草坪服务公司需要的创办费却少得多。但是，大额投资仍有望提供更高的收益率，这意味着它更有经济意义，尽管它需要更多的资本。

正如我们所讨论的，市场收益与消费者的价值判断相关。一项投资之所以能获得更高的回报，是因为它对消费者的价值更大。这意味着，如果投资能够获得尽可能高的回报，我们也会过得更好。

更高的回报率也意味着企业家可以更容易地进行融资。因此，资本密集型项目（如航空公司）即使前期成本很高，也能获得所需的融资。而且，企业家可以让你容易计算出资本成本是否值得。比如，如果一个项目的回报率为7%，而银行贷款利率为5%，那么预期净收益率就是2%。这意味着，这个企业家可以将这个净收益与一个资本密集度低得多的投资（比如草坪服务公司）收益进行比较，即使他不需要外部融资。如果草坪服务公司能提供 4% 的净收益率，这个企业家就不会选择去开一家航空公司，因为它的收益率只有草坪服务公司的一半（4% 变成了 2%）。

但是想象一下，如果银行贷款利率只有 1%，

公司收益率2%　　公司收益率4%

现在航空公司的回报率就会比草坪服务公司高出50%[①]，尽管其他方面都没有变化。在这种情况下，我们预计企业家会开办航空公司，而不是草坪服务公司，因为尽管需要贷款投资，但企业家仍然会赚更多的钱。开办航空公司需要更多的生产资本，但在较低的利率下，这不是问题。

如果回报率之间的差距足够大，那么我们也可能会看到企业家出售或者停止草坪服务公司，转而经营航空公司和其他资本密集型企业。这个投资的转移将是恰当的和经济的。因为航空业为消费者提供了更多的预期价值（反映在其更高的回报率上）。现有资本将投资于能够最有效地服务消费者的领域。

更高的回报率不仅仅是因为更低的成本，也可以

[①] 草坪服务公司的收益率依然是4%，而航空公司的预期回报率现在是7%减去1%的资本成本。这比草坪服务公司多了50%（6%÷4%×100%=150%）。

是因为创造了更高的价值。更低的成本和更高的价值都可以提高回报率，反之亦然。在做出投资决策时，与所需投资相关的预期的底线是至关重要的。

然而，即使这些项目的预期净收益率相同，它们的经济状况也可能不一样。这是市场如何通过降低门槛来吸引参与者的又一个例子：企业家不需要知道为什么他做出一笔投资时会获得高的回报率。但是，当我们试图理解经济时，情况就会有所不同。比如，当贷款利率为 5% 时，对于资本高度密集的航空业投资，11% 的回报率对应的净收益率要比草坪服务公司 4% 的回报率高出 50%。

但对经济来说，情况是不同的。在 11% 的回报率和 5% 的贷款利率情况下，高回报率是基于高预期的价值创造。高利率表明资本是稀缺的，这就是银行可以收取高利率的原因。为了吸引投资，资本也就期望航空公司创造更多价值。我们之前看到：当航空公司的回报率只有 7% 时，草坪服务公司的净回报率更高。当航空公司的回报率上升到 11% 时，草坪服务公司的净回报率比它低。然后，投资者受到激励，从草坪服务或其他行业中抽回资金，投资到航空公司以获得更高的利润。这一活动将已经在使用的资本转向更好（更具价值创造性）的用途上：由于使用相同的资源却产生了更多的价值，消费者也受益。

在 7% 的回报率和 1% 的贷款利率情况下，利率较低，因为有更多的资本可以用于投资。之所以有更多的资本可用，是因为人们选择了减少消费，为将来做了更多储蓄。因此，消费品的生产也会下降。于是，除了那些已经在进行的投资，经济还可以支持更多的投资。由于更多的投资被用于生产商品（这些商品将在未来可用），消费者会获益。低利率使得未使用的资本投入使用，尽管这并不排除有的资本是从其他生产部门转移而来的。新增的投资增加了经济的总体产出。

　　回报率只是投资增值的一个指标。这个回报率是否因成本（较低的利率）或价值（更高的预期收入）的波动而变化，其实并不重要。对企业家来说，重要的是预期回报率，它接近于经济的相对附加值。更高的产品价值和更低的生产成本，都能够使消费者受益。

◇　**虚假繁荣的原因和本质**

　　想象一下，如上所述的贷款利率从 5% 下降到 1%，但没有更多的资本可供投资。怎么会这样？如果银行创造新的货币并将其作为贷款发放，那么它们收取的利率将被竞价压低，压低到低于其本来的水平（比如 1%，而不是 5%）。但这并不是一个经济条件的不同所产生的现象，因为这时并没有更多的可用资本，只是多了借贷货币，用以购买企业家启动和完成生产项目所需的资源。所以，企业家在经济计算中所依赖的利率信号被人为降低了。因此，他们的决定和行动都会基于这个错误信号。

如上所述，较低的利率意味着更多的投资。在我们的例子中，企业家将创建新的航空公司（并扩大现有航空业务），因为相对而言，这一行业利润更高。随着拥有借来的购买力（新货币）的企业家进入市场，并试图建立新的生产，他们增加了对资本品的需求并抬高了价格。由于这些投资主要发生在资本密集型的航空业，对飞机、机组人员和其他用于该行业的资源需求就会格外增多。因此，飞机的价格更高，航空公司员工、飞行员和机组人员的工资也会更高。

客户越来越强的支付意愿，给了飞机制造商提高产能的信号。随着制造商订购铝和其他材料，并开始雇用更多的工程师，他们对这些资源的竞购也提高了其各自的价格。这些带来了投资热潮，各生产阶段的价格都在上涨：首先是航空公司，然后是飞机制造商，接着是铝生产商，最后是矿工。每个阶段的需求都在增加，这意味着生产商可以收取更高的价格并赚取更高的利润，这促使他们进一步扩大业务。这也促使其他企业家投资于这些行业，以获取部分利润。在给定信号的情况下，这些增加的投资都是适当的：价格的上涨，表明供应不足，生产者低估了需求。

这些新的和正在扩张的航空公司，更愿意也更有能力增加投资，会在和这些资源的其他用户的竞争中胜出。其他商业铝用户，比如软饮料生产商，将面临更高的价格和更低的可用性，这影响了其利润率。为了应对价格的提高，这些生产商需要重新评估其节约用铝的计划，并考虑使用替代品。因此，软饮料价格可能上涨，或者生产商开始使用玻璃或塑料容器以替代铝罐。

原本可供软饮料生产商使用的铝，被转到飞机的制造中，这并不像看起来那么疯狂。根据市场的价格信号，这就是铝应该为消费者创造最大价值的地方。[①]我们期望适当的市场价格能将生产转移到对消费者最有利的地方，因为企业家会通过竞争来满足消费者需求（如我们在第 7 课所阐述的）。

但有一个问题：飞机生产价格的上涨，是银行创造新的货币和信用扩张，导致人为压低利率所造成的，而不是源于更多的资本供应。因此，经济向飞机生产的整体转变，包括为支持这些生产而进行的所有投资，以及因此而撤出利润相对较低的其他生产，构成了不当投资（malinvestment）。

---

① 我们的例子假设软饮料生产商不希望有足够（更高）的需求来扩大生产，但如果有，它们也可能会利用较低的利率来投资，比如通过自动化技术来扩大生产。随着飞机制造商和软饮料生产商竞购更多的铝，这将进一步增加更高生产阶段的需求。

　　不当投资意味着投资结构的扭曲：某些领域过度投资，而其他领域则投资不足。对航空业的过度投资，也意味着对飞机制造、铝生产和采矿业的过度投资，以满足更高的预期需求。这些投资旨在提高生产能力，以满足对航空旅行的预期需求（由于其更大的预期价值）。随着投资的飙升，价格也因预期需求的增加而上涨，这些行业出现了繁荣。

　　至少在我们的例子中，在利息下降时，由于更多的生产性资本可用，这些相同的行业也会以同样的方式扩张。不同之处在于，这种新的扩张所使用的资源不是现成的，而是从消费者需求基本保持不变的其他行业中转移过来的。因此，这种变化不是经济从一个生产部门转向另一个生产部门，以应对消费者价值预期变化的问题。相反，在人为降低利率的推动下，企业家建立了新的生产部门，对生产资本和劳动力的**总体**需求增加了。

从消费者价值的角度来看，这种繁荣是过度投资造成的，由于对错误信号的反应，航空业和那些支持航空旅行不断扩张的更高阶的生产阶段过度投资，以及因此而导致对其他生产部门的投资相对不足。像这样由信用扩张引起的虚假繁荣，通常会发生在较长的生产项目中。这种总体上的不当投资扭曲了支撑经济的生产条件：产出不再（如企业家所预想的那样）与消费者最迫切的需求相匹配。

◇ 转折点

这种繁荣不可持续，因为它充斥着太多不当投资，而不是因为经济的快速增长。我们所说的商业周期，是一系列不可持续的繁荣，然后是不可避免的萧条，就像一个随后破裂的泡沫。这与健全的经济发展是不同的。给两者做一个对比，对我们会有所帮助。

我们先来看一下可持续的增长。我们在前文看到，利率反映了可用于生产性投资的资本的可获得性。当可以获得更多的资本时，利率下降，反之亦然。具体来说，当消费者不那么急于购买和消费商品，而更愿意为未来储蓄更多财富时，这种情况就会发生。他们的时间偏好（time preference）较低，这意味着他们的估值时间更长，他们比以前更看重未来。于是，生产消费品的企业家面临着需求下降和利润降低的问题，因此他们有动力缩小经营规模，并寻找其他机会。他们中的一些企业可能会倒闭。结果是，企业家总体上减少了消费品的生产和销售。

随着储蓄的增加而使得利率下降，释放出生产资本用于新的投资现在变得可行，且越来越有利可图。因此，企业家将更多地投资于未来可供销售的商品生产过程。总的来说，这种转变使生产能力从为当前消费的生产转向为未来消费的生产。企业家对价格信号做出反应，放弃利润低的生产，转而在未来的生产中寻求更高的预期回报率。这与消费者减少消费、增加储蓄是一致的（他们正在延迟消费）。事实上，生产的转移是将生产调整到使消费者获得更大利益的领域。

不可持续的繁荣则不同。这里，企业家因为人为降低利率，而增加了对未来消费的生产投资。换句话说，消费者的行为并没有发生相应的转变；相反，低

利率使消费者的储蓄意愿降低（他们延迟消费所获得的利息降低了），从而鼓励了当前消费。这就导致了生产结构的紧张，即服务于当前消费（正在上升）的生产和服务于未来消费（预计将上升）的投资之间的紧张。

一方面，为当前消费而生产的企业家没有看到需求的下降，因为消费者并没有从消费中离开。他们的产品利润率没有下降，所以他们为什么要削减生产？因此，这些企业家仍在继续竞争投入，持续下订单。

另一方面，低利率导致对未来生产的投资增加。较高生产阶段的需求大大增加，因为企业从服务现在的消费者和未来的消费者的生产过程中获得了订单。记住，这些都是基于错误的信号。由于没有更多的资本可用，却有了更多的买家，所以价格被推高到非常高的水平。这有时被称为"资产价格泡沫"（price bubble）。

虽然新的未来导向型和旧的当前导向型之间的竞争似乎是一件好事，但错误的信号会将经济导向不同的方向。由于较高生产阶段（例如我们例子中的飞机、铝、采矿）的过度投资，生产要素的价格被抬高了。这些价格的上涨是基于错误的信号，因此脱离了未来对航空旅行真正的预期需求。价格上涨包括这些阶段工人的工资上涨，然后他们有更多的钱用于目前的消费。在人为降低利率的情况下，延迟消费的动机就会减弱。因此，更多的工资收入（由于经济繁荣，现在也更高了）被用于消费品，从而也增加了当前人们对商品的需求。

总之，可持续增长是由消费者行为的转变引起和支持的：减少当前消费需求，使资本可用于投资更高的生产阶段。相反，在不可持续的繁荣中，并没有这种转移，只是增加了投资，却没有增加生产性资本。

因此，基于有足够的资本品可用于完成所有这些新生产项目的假设，这种生产结构反映出当前和未来人们对消费品的更高需求。换一种说法就是，企业家被人为压低的利率欺骗和误导，他们的行动导致一个经济体既要消费可以得到的资本，又要用可以得到的资本进行投资。很显然，这是不可能的。企业家并没有足够的生产资本来支持这两种行为。

因此，这种不可持续的繁荣建立在无源之水的生产之上。许多生产过程，特别是较高阶段的生产（远离消费者端的生产）无法完成，因为所需的资本太匮乏。这并不意味着工厂会突然失去资源，尽管可能会出现资源短缺的情况。更有可能的是，资产价格被推高，以致许多投资显得不再有利可图。企业家随后发现，他们在计算中犯了重大错误，被迫放弃投资。

企业家的误判在市场上很常见，但这些错误通常不会导致繁荣－萧条周期。商业周期的特别之处在于，存在大量同时发生的企业家误判。正如我们上面看到的，原因是企业家被误导，好像他们的生产项目有资本可用。但实际并非如此。信用扩张，而不是资本的可得性，将利率降低到了一个无法反映投资资本的实际可得性的水平上。

这就提出了一个问题：为什么企业家会让自己被愚弄？难道他们没有意识到利率是人为压低的吗？也许他们意识到了，但这并不重要，因为他们仍然希望从较低的借贷成本中获益。他们为什么不追求有预期收益的项目呢？即使他们熟悉商业周期理论，并知道经济处于泡沫之中，但泡沫实际上也是非常有利可图的。在泡沫膨胀时，不扩大自己的业务，就等于降低利润。这听起来可能不是一个大问题，但企业的投资者可能会有不同的感受。另外，不能指望竞争对手会拒绝利润，因此不采取行动就会让他们扩大市场份额。于是，在泡沫期间，不扩张就会给企业带来风险。

还有一个问题是，在泡沫期间，企业家大量拥入。随着价格的上涨，越来越多的人看到了赚钱的机会，也看到了辞职的理由。因此，经济繁荣吸引了那些本来不会进入市场的投资者。他们缺乏经验，更容易犯错误，从而导致整体上的不当投资。

◇　矫正性的萧条

萧条来得很快。尽管泡沫本身很容易被发现，但很难准确预测泡沫何时破裂。实际的转折点可能由看似无关的事件触发，这些事件给某些特定的不良投资带来额外的压力，并导致它们失败。由于高需求和高价格已经使生产条件处于紧张状态，一个企业的倒闭很容易拖累其客户和供应商，他们再也不能指望获得服务的报酬。这导致了一连串的失败，暴露了经济中不当投资的程度。

大量投资的失败，以及因此导致的企业倒闭和失业，就是萧条。但请注意，萧条不是一个独立的

现象：它已经嵌入繁荣中，因为这种繁荣的投资是不可持续的。这就是为什么我们把繁荣－萧条称为一个周期：那些导致繁荣的不当投资必须被清除，经济方能重回正轨。繁荣是健康的，因此萧条可以避免，这并非事实；繁荣并不是来自真正的经济发展，而是一种假象。消费者另有期待。企业家的投资并不是出于真正的价值预期，而是被错误的资本可得性信号——人为压低的利率——误导。

萧条释放了那些生产过程中被错误投资，也就是没有为消费者服务的资本品，这样它们就可以被投资到可以做得更好的地方。换句话说，其他企业家有机会获得这些资本，去追求消费者所认可的价值。失败对于暴露不当投资来说是必要的，在不当投资被暴露出来之后，企业家才有可能用健全的生产投资取代它。

然而，为了使萧条的生产恢复正常，我们必须允许提高利率。如果依然人为压低利率，这只会延长纠正的过程，因为新的企业家会受到误导，结构性错误也会因此持续存在。

第 9 课

监管干预

所谓监管，我们指的是政府对经济施加的限制，比如禁令、许可证、质量或安全标准、价格管制、配额和补贴等。虽然监管在具体内容和目的上有所不同，但它们的实施都使得经济发生变化。

如果监管没有改变任何东西，监管就是无效的。这是因为具体的限制并不适用，或者在实践中没有被执行。然而，问题在于，所有监管都是为了施加一些改变，只有变化发生时，它们才有意义。有效的监管，无论是否成功地产生预期的结果，都会改变行为，从而改变经济结构。

有些监管是针对生产者的，而有些则是针对消费者行为的。前者可能会对某些生产商实施禁令或增加额外的成本，抑或人为降低其他生产者的成本。其目的是改变生产项目的类型，从而改变提供给消费者的商品。后者试图改变消费者的行为，这反过来又影响到生产者，因为他们必须应对需求的性质和结构的变化。因此，在这两种情况下，结果都是经济生产结构的改变。

我们知道，生产结构是由寻求从满足消费者需求中获利的企业家决定的（第5课）。因此，监管要想有效，就必须影响企业家的行为，并改变他们选择的生产项目。那些可观察到的结果（**看得见的**），没有作为结果而发生的（事情的另一面或看不见的），以及长期的影响（**未实现的**），是理解监管影响的关键。

◇　看得见的

可观察的世界是分析监管效果的一个显而易见的起点，但它也可能会有所误导。它之所以显而易见，是因为这是我们可以看到和衡量的。但是，研究那些现象也可能会导致错误和草率的结论，因为尽管真实的经济——它的**数据**——似乎提供了有关监管效果的直接事实，但实际上它并没有。

在一个新实施的监管是**唯一**变化的世界里，我们可以很容易地比较监管前后的经济状况，从而评估其效果。然而，由于市场是一个不断变化的过程，监管显然**不是**唯一的变化——它对持续展开和演变的市场施加了一个"强制"。

考虑一下实行最低工资的情况，它规定了市场的价格下限。要使这种规定有效，其规定的工资必须高于雇主所支付的工资。如果市场工资是每小时 10 美元，最低工资制度必须要求雇主支付更高的金额，必须对雇主进行惩罚或禁止他们支付低于规定的工资水平。

如果强制的最低工资要求雇主每小时支付 14 美元，这就是公开市场中的工资。任何其他事情都是非法的。这前后的比较会让人觉得，人们在实行最低工资制以后赚的钱更多了。但是果真如此吗？为了弄清楚这一点，我们还必须考虑，如果没有最低工资要求，那么情况会怎样？这就是那些从未发生或者看不见的结果。

◇　**看不见的**

所谓"看不见的"，指的是事情的另一面——否

则会发生什么。由于事情没有发生，我们无法对它进行衡量。然而，它是任何行动或选择的代价。如果我选择牛排作为晚餐，我就放弃了所有其他可能的选择。在这些可能的选择之中，价值最高的那一个就是做出该选择的经济成本——以放弃的价值为代价。

如果没有把事情的另一面考虑在内，那么我们考虑到的只是预期的收益，而没有考虑到成本。这样，分析就会变得片面，我们可能会遗漏一些重要的东西。我们也无法确定这是一个好的还是坏的选择。这样做**值得**吗？我们需要知道成本才能回答这个问题。

这也适用于上述例子中的最低工资等规定。最低工资的典型目的是提高工人的最高工资。只考虑那些"看得见的"，会使法规看起来很成功，因为在实行最低工资后，没有人工资会低于每小时 14 美元。但是这个结论过于草率，因为我们还没有考虑那些"看不见的"。

因此，我们必须要问，如果没有实行最低工资，会发生什么情况？重要的是要认识到，最低工资并不能神奇地提高工资，而是迫使雇主不得以低于规定的工资雇用任何人。这与提高工人工资不是一回事。

　　我们来思考一个例子，在实行最低工资之前，雇主有三名雇员，他们的工资分别是每小时 7 美元、10 美元和 16 美元。他们的工资不同的原因在于，他们对雇主贡献的价值不同。时薪为 7 美元的工人，正在接受职业培训，学习行业知识，这就是他工资低的原因。一旦完成培训，并且对雇主更有价值，雇员将期望将来获得更高的工资。时薪为 16 美元的工人，有一套独特的技能，对雇主的生产线特别重要，他的贡献更大。如果这个工人的工资较低，那么他可以很容易地在别处找到工作。时薪为 10 美元的工人，除了有工作经验外，没有其他专业知识，因此他获得的就是正式工人的市场工资，这一工资与他在生产过程中的价值贡献相称。

　　雇主不愿意向这些工人支付超过其价值贡献的工资。他们被雇用是为了创造价值、做出贡献，而不是减低价值。向他们支付任何其他费用都是慈善消费，而不是生产。这些工人的收入也不会低于他们的价值贡献，因为如果真是这样的，其他雇主可能会以更高的工资雇用他们。

现在假设实行每小时 14 美元的最低工资。这意味着雇主不再允许支付任何低于时薪 14 美元的工资。雇主必须决定，是否将正在培训的工人工资提高一倍，并将每小时 10 美元的工人工资提高近一半。而第三个工人的工资已经是每小时 16 美元，并没有受到直接影响。雇主很可能会让正在接受培训的工人离开，因为他的生产力低于正式员工，但是他们的薪水一样。

雇主也不能简单地提高目前工资为每小时 10 美元工人的工资，因为他的价值贡献高于每小时 10 美元、低于每小时 14 美元。但是，通过调整生产过程，削减福利，取消其他补贴，比如取消下午的茶歇时间，雇主可以让这个工人留下来，并给予每小时 14

美元的高工资。至少目前是这样的。

因此，我们看得见的是，这个雇主在实行最低工资前支付的平均工资为每小时 11 美元，而实行后支付的平均工资为每小时 15 美元。很明显工人赚到了！这项规定奏效了，它神奇地提高了工人的工资。

然而，那些看不见的，却给出了另外一幅不同的画面。如果经济中没有发生任何改变工人生产力或企业盈利能力的事情，就会有三个工人被雇用，每小时的工资总额为 33 美元。而现在只有两个工人被雇用，其工资总计每小时 30 美元。而且，工资较低的员工现在工作需要更加卖力，以证明其高工资是合理的。

这种强制规定是否值得？经济学无法回答这个问题，因为这是一种价值判断。但是，它可以确定这种规定的结果，从而表明这种规定是否实现了提高工人工资的承诺（对一个工人来说，这种规定做到了，但也导致了另一个工人被解雇）。

这样的事例还有很多，因为存在看得见的，也存在看不见的，但人们往往只考虑当下的效果。然而，正如我们现在所知的，经济是一个过程，我们现在所处的世界对未来也有影响。

◇ 未实现的

理解市场是一个过程，可以超越看得见的和看不见的，从而进一步洞察监管对经济的实际影响。为了理解这一点，我们将继续以最低工资为例，在有监管和没有监管的情况下，一步一步地进行逻辑分析。

在实行最低工资标准后，还在接受培训的工人被解雇了。他现在不得不去找工作，而不是边赚钱边为自己的职业生涯积累必要的经验。然而，由于所有雇主都必须支付每小时 14 美元的工资，所以人们找工作的门槛比之前高得多。没有经过培训，刚开始工作的人就找不到一份至少他能达标的工作，而且因为他也无法获得可以提高自己能力的经验，所以他依然失业。

与此同时，保住工作的人越来越沮丧。收入最高的工人认为自己受到了不公平的待遇，因为他没有得到加薪，而生产力较低的同事却毫无理由地得到了40%的加薪。现在工作压力也更大了，技术更好的工人需要协助技术较差的工人，以便生产顺利进行。如果有三个工人，即使第三个工人还在培训阶段，情况也会好一些。而现在，他们两个人辛辛苦苦生产他们三个人以前轻松可以生产的东西。

而另外一位熟练的工人，则认为是自己的能力赢得了加薪，并对失去一些他曾经享受的福利感到痛苦。他以前可以喝一杯咖啡休息一下，可以和同事聊聊天，舒缓一下压力。他现在要想保持这种状态就很困难了。随着周末的临近，他感到疲惫不堪。更不用说，他还被告知在可预见的未来不要指望加薪，因为他的能力并不足以匹配一个更高的薪水。

这就是强制实行每小时 14 美元的最低工资之后，我们能够看得见的后果。

在另外一个与现实相反的世界中，没有最低工资制度，三个人都仍在工作。最初，他们的工资和以前一样：分别是每小时 7 美元、10 美元和 16 美元。但是，随着接受培训的工人积累了经验，他的生产力提高了，雇主就会提高他的工资，首先是提高至每小时 8 美元，然后当他的生产力与市场上其他工人一样时，他的工资就会涨到每小时 10 美元。雇主为什么要提高工人的工资？可能是因为阶梯式加薪早就写进了合同里；或者，雇主希望给工人一个公平的工资，否则他就会去其他地方找工作赚钱。

另外两名工人也提高了他们的生产力并得到了加薪。雇主之所以可以这样做，是因为他不必把一个人

每小时7美元　　　每小时10美元　　　每小时16美元

的工资提高 40%，也因为这些工人创造了更大的价值。这些工人之所以得到更高的工资，是因为他们贡献了更大的价值，从而为公司及整个社会的财富和福祉做出了贡献。很快，他们的工资分别涨到了每小时 10 美元、12 美元和 17 美元，总计每小时 39 美元，18% 的工资涨幅是由增加的产量带来的。

　　但这还不是故事的全貌。这三个工人赚的工资就是他们的购买力，用于购买其他人生产的商品。由于工人对供给的贡献，他们的需求将会成为其他企业的收入。

我们现在可以看到，看得见的和看不见的之间的差异——管制的成本不仅仅是失业的工人。其即时效应是，虽然降低了总产出，却增加了边际工资和边际产出（因为排除了生产力最低的工人）。然而，同样失去的是，这个工人本应获得的经验，以及一段时间过后其生产力的提高。他未来的工作，也许还有他的职业生涯都会失去。失去的还有他本来可以增加的生产，也就是他本可以为消费者创造的价值，这样消费者将来也不能购买那些商品。

那些没有发生的，是所有那些有价值的机会，这些机会因为监管而没有实现：原本可以生产的商品价值，受训者的职业生涯，以及工人对商品的需求。经济总体上处于一个较低的价值轨道，这意味着损失的是所有本来可以实现的价值。

这并不奇怪，因为自由市场的生产虽然并不完美，却是由寻求从服务消费者中获利的企业家驱动的。当这一秩序被打乱时，企业家就不能指望他们所追求的，就是稀缺资源的最有价值的使用。这意味着，最具生产性的项目（包括他们创造的就业机会，基于预期价值贡献的工资，以及为消费者提供最有价值的商品）将会失去。这些未曾实现的，才是监管的真正成本，它远远超过了那些看不见的成本。

结　论

行动与相互作用

市场经济并没有什么神奇之处。正如我试图揭示的那样，市场真实而平凡。市场经济以某种确定和已知的方式运作，是在人们的行动和相互作用中出现并产生的特定行为。

我们把这种行为称为**经济规律**，它们与物理学规律具有相同意义。我们无法摆脱它们。它们是永恒的。

批评者声称，市场没有什么本质，不存在经济规律，或者经济规律并不总是适用。他们有时声称市场必须在"制度真空"中设计和运作。但这是一种误解。不断变化的环境将改变市场过程的**结果**，但无论制度如何设置，市场（规律）的运行并不会有所不同。

生产具体产品和服务、就业机会的数量、创造的价值分配等，并**不仅仅**是经济规律作用的结果。但是，它们肯定会受到这些规律的制约。如果其他条件不变，那么商品的价格越高，意味着它的销量就会比其他情况下更少。当然，这并不意味着其他因素没有影响。

例如，政府要求每个人在下个月购买某种商品，那么即使该商品涨价，其需求量也会增加。如果不是强制要求，而是一种新的时尚让很多人急于购买这种商品，情况也是一样的。在这两种情况下，经济规律都没有被规避或失效。相反，这两种结果都完全符合经济规律，但都与具体情况有关。

　　因此，我们**必须**理解经济规律，只有这样才能了解市场经济和市场过程的演变。只有通过正确的经济推理，我们才能揭示经济的实际运作，并搞清楚市场过程。如果你现在明白了这一点，我就成功了。

　　除非我们首先了解市场如何运作，否则我们不可能理解具体的结果，更不用说预测。这意味着，经济学素养是制定有效政策的必要起点。我们在第9课讨论的监管，必须考虑到经济规律。

　　如果我们不了解市场经济，我们就无法理解监管将产生的影响。很可能监管不仅无效，而且具有破坏性。

　　经济学素养是破坏性政策的解毒剂，但它的意义远不止于此。经济学素养是一种开放性思维，因为它使我们能够真正理解世界是如何运作的。

延伸阅读

初学者图书

Ammous, Saifedean. *Principles of Economics*. Amman, Jordan: The Saif House, 2023.

Bastiat, Frédéric. *That Which Is Seen and That Which Is Not Seen* (1850). In vol. 1 of *The Bastiat Collection*, 1–48. Auburn, AL: Ludwig von Mises Institute, 2007.

Bylund, Per L. *The Seen, the Unseen, and the Unrealized: How Regulations Affect Our Everyday Lives*. Lanham, MD: Lexington Books, 2016.

Hazlitt, Henry. *Economics in One Lesson.* New York: Three Rivers Press, 1979.

Murphy, Robert P. *Choice: Cooperation, Enterprise, and Human Action.* Oakland, CA: Independent Institute, 2015.

经济学论文

Menger, Carl. *Principles of Economics.* Translated by James Dingwall and Bert F. Hoselitz. Auburn, AL: Ludwig von Mises Institute, 2007.

Mises, Ludwig von. *Human Action: A Treatise on Economics*, scholar's ed. Auburn, AL: Ludwig von Mises Institute, 1998.

Rothbard, *Man, Economy and State: A Treatise on Economic Principles.* 2 vols. Princeton, NJ: D. Van Nostrand, 1962.

企业家精神与经济增长

Bylund, Per L. *The Problem of Production: A New Theory of the Firm.* London: Routledge, 2016.

Foss, Nicolai J., and Peter G. Klein. *Organizing Entrepreneurial Judgment: A New Approach to the Firm.* Cambridge: Cambridge University Press, 2015.

Kirzner, Israel M. *Competition and Entrepreneurship.* Chicago: University of Chicago Press, 1973.

Schumpeter, Joseph A. *Theory of Economic Development: An Inquiry into Profits, Capital, Credit, Interest, and the Business Cycle.* Translated by Redvers Opie. Cambridge, MA: Harvard University Press, 1934.

经济计算与社会主义

Boettke, Peter J. *Calculation and Coordination: Essays on Socialism and Transitional Political Economy.* London: Routledge, 2001.

Hoff, Trygve J. B. *Economic Calculation in the Socialist Society*. Indianapolis, IN: Liberty Press, 1981.

Huerta de Soto, Jesús. *Socialism, Economic Calculation, and Entrepreneurship*. Translated by Melinda Stroup. Cheltenham, UK: Edward Elgar, 2010.

Mises, Ludwig von. *Socialism: An Economic and Sociological Analysis*. Translated by J. Kahane. new ed. New Haven, CT: Yale University Press, 1951.

货币银行学

Lavoie, Donald. *Rivalry and Central Planning: The Socialist Calculation Debate Reconsidered*. Cambridge: Cambridge University Press, 1985.

Menger, Carl. *On the Origins of Money*. Translated by C. A. Foley. Auburn, AL: Ludwig von Mises Institute, 2009.

Mises, Ludwig von. *Bureaucracy*. New Haven, CT: Yale

University Press, 1944.

Mises, Ludwig von. *The Theory of Money and Credit.* Translated by J. E. Batson. Auburn, AL: Ludwig von Mises Institute, 2009.

Rothbard, Murray N. *The Mystery of Banking.* 2nd ed. Auburn, AL: Ludwig von Mises Institute, 2008.

Rothbard, Murray N. *What Has Government Done to Our Money?* 5th ed. Auburn, AL: Ludwig von Mises Institute, 2010.

Salerno, Joseph T. *Money: Sound and Unsound.* Auburn, AL: Ludwig von Mises Institute, 2010.

资本理论与生产

Böhm-Bawerk, Eugen von. *Capital and Interest: A Critical History of Economical Theory.* Translated by William Smart. London: Macmillan, 1890.

Garrison, Roger W. *Time and Money: The Macroeconomics*

of Capital Structure. London: Routledge, 2000.

Hayek, Friedrich A. *Prices and Production*. 2nd ed. New York: Augustus M. Kelly, 1935.

Hayek, Friedrich A. *The Pure Theory of Capital*. Auburn, AL: Ludwig von Mises Institute, 2009.

Kirzner, Israel M. *An Essay on Capital*. New York: Augustus M. Kelley, 1996.

Lachmann, Ludwig M. *Capital and Its Structure*. Kansas City, KS: Sheed Andrews and McMeel, 1978.

Lewin, Peter. *Capital in Disequilibrium: The Role of Capital in a Changing World*. Abingdon, Oxfordshire, UK: Routledge, 1998.

商业周期

Ebeling, Richard M., ed. *The Austrian Theory of the Trade Cycle and Other Essays*. Auburn, AL: Ludwig von Mises Institute, 1996.

Huerta de Soto, Jesús. *Money, Bank Credit, and Economic Cycles*. Translated by Melinda A. Stroup, 4th ed. Auburn, AL: Ludwig von Mises Institute, 2020.

Mises, Ludwig von. *The Theory of Money and Credit*. Translated by J. E. Batson. Auburn, AL: Ludwig von Mises Institute, 2009.

Rothbard, Murray N. *America's Great Depression.* 5th ed. Auburn, AL: Mises Institute, 2000.

Rothbard, Murray N. *The Panic of 1819: Reactions and Policies.* Auburn, AL: Ludwig von Mises Institute, 2007.

Temin, Peter. *Lessons from the Great Depression*. Cambridge, MA: MIT Press, 1991.

经济推理与方法

Gordon, David. *An Introduction to Economic Reasoning.* Auburn, AL: Ludwig von Mises Institute, 2000.

Hoppe, Hans-Hermann. *Economic Science and the Austrian*

Method. Auburn, AL: Ludwig von Mises Institute, 2007.

Mises, Ludwig von. *Theory and History: An Interpretation of Social and Economic Evolution.* Auburn, AL: Ludwig von Mises Institute, 2007.

Mises, Ludwig von. *The Ultimate Foundations of Economic Science: An Essay on Method.* New York: D. Van Nostrand, 1962.

Selgin, George A. *Praxeology and Understanding: An Analysis of the Controversy in Austrian Economics.* Auburn, AL: Ludwig von Mises Institute, 1990.

译后记

作为本书译者，首先感谢你选择这本书并读到了这里。世界之大，我们在现实中相遇的概率非常之小，小到可以忽略不计。但借助网络、透过书籍，我们在思想上相遇和碰撞的概率就大大增加了。通过阅读，我们可以和作者来一场跨越时空的交流和思考。在这个过程中，思想和观念悄悄改变着我们，也悄悄地改变着世界。所以，不要忽视思想的力量。

裴德荣的这本小册子，只有短短几万字，虽然短小但结构完整，并且逻辑上严谨有序，通过简单的案例一步步引导我们构建经济学思维，是一本非常合适的经济学启蒙入门读物。

作者在前言中就特意强调了经济学素养，事实也的确如此。基本的经济学素养虽然看起来好像是常识，但常识往往会被掩盖甚至埋没。在这个社会飞速发展、技术层出不穷的时代，常识反而会被忽视。再加上学校教育和社会政策舆论有意无意的误导，常识成为一种稀缺的素养。所以，作者才特意强调经济学素养，强调正确理解世界。

全书分为三部分，共有9课，作者用极为精简的篇幅，先在第一部分告诉我们经济学是什么，经济理论是什么，以及如何进行经济学研究。然后，第二部分分别介绍了市场的过程、生产和企业家精神、货币和经济计算等。最后，第三部分则介绍了两种常见的干预问题，即货币干预和监管干预。其中大部分是逻辑推理，只有很少的内容涉及了简单的数学计算，所以整体上阅读起来轻松加愉快，没有任何压力。

对我来说，翻译过程也是一个学习的过程，跟随作者的思路重新梳理了一下经济学的基本框架。虽然很多是基础知识，但重新复习一遍，我感觉仍然很有收获。而且，在最后校对时再次通读一遍的过程中，我仍然能够感受得到作者思路的清晰和语言的简洁。

当然，希望我的翻译能够准确传递作者的表达和思想。为了便于读者理解，我在必要的地方加了一些注释，均以"译者注"的形式做了标注。我们通过这本书建立起了思想上的沟通，互相改变着彼此的认知，也希望我的翻译能够给读者带来不错的阅读体验，如有任何错误，还望读者不吝批评指正。

翻译过程得到了很多人的指导帮助，也得到了经济学热爱者的资助，特别感谢本书的定向资助人蒋智杰、陈进荣以及其他编译资助人（按拼音字母排序，部分朋友匿名资助）：陈富冬、陈国定、陈进荣、陈世智、陈望伟、陈秀美、从此醉、大军、大宁宁、大象、飞天、付正波、古原、古月三石、光叔、虎哥、胡维、黄玉珍、贾浩田、蒋智杰、空空追梦、澜沧江菜鸟、老程、老王抓住那只猫、李立丰、李亮玄、李三、李子山（@逆熵）、林蔚然、刘宝、芦苇Larry、罗劲军、罗权章、漫天霾、巧手、秦君济、孙磊、天涯、王昊、王巍、王宪吉、文希、心心、星佳是个小人物、印象、云水苍茫、张睿、赵洪凯、周雷、周永诚、自然的小林、昨夜长风、Andy Zeng、h、iGreenMind、ITC、Lyslie、Papajohn、Yumo。

最后感谢陈世明编辑和朱海就老师，正是在他们的策划和校对下，本书才得以顺利出版。另外，感谢赵荔和谌紫灵两位老师，感谢我的爱人简楠女士。

张是之

2023 年 6 月 1 日于山东